REDESCUBRIR

el

EXAMEN

IGNACIANO

Otros libros sobre espiritualidad ignaciana de Loyola Press:

Una oración sencilla que cambia la vida

Descubre tu sueño

La aventura ignaciana

REDESCUBRIR

el

EXAMEN

IGNACIANO

Diferentes maneras de rezar
partiendo de tu día

MARK E. THIBODEAUX, SJ

LOYOLA PRESS.
UN MINISTERIO JESUITA
Chicago

LOYOLA PRESS.
UN MINISTERIO JESUITA

3441 N. Ashland Avenue
Chicago, Illinois 60657
(800) 621-1008
www.loyolapress.com

Título original en inglés: *Reimagining the Ignatian Examen: Fresh Ways to Pray from Your Day*

Traducción: Milton Elliot Jensen

Las citas bíblicas corresponden a *La Biblia de Nuestro Pueblo* © 2007 Pastoral Bible Foundation y © 2007 Ediciones Mensajero.

Las citas de los Ejercicios Espirituales han sido tomadas del libro *Ejercicios Espirituales de san Ignacio de Loyola*, texto modernizado por Manuel Iglesias, SJ © Buena Prensa

Diseño de cubierta: Loyola Press
Diseño de la portada: Markovka/Shutterstock.com.
Foto del autor en la contraportada: Warling Studios.

ISBN: 978-0-8294-4512-1
Número de Control de Biblioteca del Congreso USA: 2017948842

Impreso en los Estados Unidos de América.
17 18 19 20 21 22 23 24 25 26 27 Versa 10 9 8 7 6 5 4 3 2 1

Índice

La oración más sorprendente de la que hayas oído hablar   vii

Unas sugerencias antes de empezar   xiv

Exámenes   1

Examen 1   Examen ignaciano tradicional   3

Examen 2   Libertad espiritual   6

Examen 3   Nombrar la gracia   9

Examen 4   Una relación en particular   12

Examen 5   Verdades interiores ocultas   15

Examen 6   ¿Presente o ausente?   19

Examen 7   Un cambio en mi espíritu   21

Examen 8   ¿Estoy preparado para morir hoy?   23

Examen 9   Una herida interior   25

Examen 10   Hábitos   28

Examen 11   Miedos, apegos, control,
derechos que imaginamos tener   30

Examen 12   ¿En quién he visto hoy el rostro de Dios?   33

Examen 13   Pensamientos, palabras, obras   35

Examen 14   Mis emociones   37

Examen 15   Gratitud   39

Examen 16   ¿Aferrarse, escapar o un término medio?   42

Examen 17   Alabanza, reverencia, servicio   44

Examen 18 Dios, los demás, yo mismo   46

Examen 19 ¿Qué ha sido agotador? ¿Qué ha sido
vivificante?   48

Examen 20 Un discernimiento   50

Examen 21 Lo que yo haya hecho a los más
pequeños. . .   52

Examen 22 Repulsiones, inspiraciones, deseos   54

Examen 23 Ases y doses   57

Examen 24 ¡Sorpresa!   59

Examen 25 Gracias por. . . Perdóname por. . .
Ayúdame con. . .   61

Examen 26 Mi mayor temor   62

Examen 27 "¿Quién dicen que soy yo?"   65

Examen 28 Elige la vida   67

Examen 29 Lugares, cosas, actividades   70

Examen 30 Personas   73

Examen 31 ¿Dónde estás? ¿Qué buscas?   75

Examen 32 Pasado, presente, futuro   77

Examen 33 La brecha del muro de la fortaleza   79

Examen 34 Los momentos más importantes   82

Términos ignacianos importantes   85

Nota de agradecimiento   91

Acerca del autor   93

La oración más sorprendente
de la que hayas oído hablar

Uno de los místicos más importantes de todos los tiempos, san Ignacio de Loyola, creía que el ejercicio de oración llamado "Examen" debía ser *el cuarto de hora más importante del día* para una persona; y, sin embargo, hoy la mayoría de los cristianos ni siquiera han oído hablar de él.

¿Por qué es tan valioso el Examen?

San Pablo nos exhorta: "Oren sin cesar" (1 Tes 5:17). He aprendido que, cuanto más me acerco a Cristo, más anhelo verdaderamente estar siempre con él. No es que desee pasarme todo el día arrodillado en una iglesia ni sentado en mi mullido sillón de oración. Me apasiona demasiado el bullicio de la vida —el sin parar de la actividad humana— como para pasarme el día sentado y dedicado a la contemplación. No. Lo que yo anhelo es que Cristo esté conmigo en todas las aventuras y avatares de mi vida activa. Amo tanto a Cristo que quiero compartir cada minuto con él.

La fe me dice que Dios está en todas partes en todo momento, y que Cristo está dentro de mi corazón y se involucra en toda la creación, aun cuando yo no sea consciente de su presencia en un momento dado. Eso es un consuelo maravilloso, pero ¡yo quiero más! Quiero *sentir* su presencia todo el tiempo. No solo quiero sentirlo cuando dejo el ajetreo de mi vida y voy a la iglesia;

¡quiero sentir su presencia siempre! Y quiero compartir con él hasta los detalles más pequeños de mi vida: el molesto *e-mail* que acabo de recibir y la agradable sonrisa de la mujer de la oficina de correos; el pavor que siento en el corazón ante la difícil reunión en la que estoy a punto de participar, y también el deleite de hincarle el diente a esa dulce y crujiente manzana en el descanso. Quiero hablar con Cristo de la estupidez que acabo de decirle a mi jefe, y también de la pequeña victoria que ha significado el concluir esa aburrida tarea que me ha llevado varios días. Por supuesto que quiero hablar con Cristo de cosas realmente importantes —mis graves pecados y las consolaciones que me abruman—, y hablaré de esas cosas importantes en la meditación diaria y cuando vaya a misa o a confesarme. Pero, cuanto más me acerco a Cristo, más deseo compartir con él también las cosas que pudieran parecer insignificantes. Sé que él está ahí, en medio de todo ello, y anhelo conectarme con su presencia justo ahí, en el barro y el fango, en los lápices y en las papas fritas de mi vida, a la vez tan complicada y tan increíblemente ordinaria.

Esto es lo que hace que el Examen sea tan sorprendente y poderoso: presenta mi esencia a Dios y trae a Dios a mi esencia.

Podría seguir y seguir hablando de lo maravilloso que es el Examen. Podría decirte:

- cómo me une cada vez más estrechamente con Dios;
- cómo revela el punto de vista de Dios acerca de mi vida cotidiana;
- cómo me mueve a dar gracias por los incontables dones de Dios que han aparecido en mi jornada, e incluso a percibir la presencia misma de Dios en esos dones;

- cómo me da una oportunidad para reconocer mis faltas y pedir perdón, para afligirme con mis fracasos y penas y sanarme de ellos;
- cómo me ayuda a comprender lo que sucede realmente bajo la superficie de mis pensamientos, palabras y hechos; a conocer la fuente misma de mis motivaciones y maquinaciones;
- cómo me ayuda a discernir la forma de manejar los aspectos más espinosos de mi vida, a reconocer cuáles son los dones interiores que necesito recibir de Dios para hacer lo correcto el día de mañana y a pedir explícitamente esos dones a Dios.

Podría ofrecerte páginas y páginas llenas de detalles de todos los increíbles beneficios que recibo por rezar esta breve oración todos los días. Pero ¿por qué desperdiciar un minuto más *leyendo* sobre los beneficios cuando tú mismo los puedes cosechar? Sabrás de lo que hablo en cuanto lo intentes.

¿Qué es el Examen ignaciano?

San Ignacio de Loyola ideó el Examen en la forma de una oración muy corta ("un cuarto de hora") que se reza dos veces al día, a la hora que resulte más cómoda. A mucha gente le gusta rezar el Examen a la hora de comer y por la noche, cuando está relajada.[1] A la hora de comer, miras atrás para repasar cómo te ha ido en la mañana, y hacia adelante para ver cómo puede irte en la tarde

---

1. Para mayor comodidad, en este libro se supone que el lector reza el Examen una vez al día al final de la jornada. De no ser así, al leer un Examen puedes hacer los cambios necesarios para que se adapte a tu situación. Por ejemplo, si haces el Examen dos veces al día y estás haciendo el de mediodía, cambia "repasar el día de hoy" por "repasar la mañana", y "ahora miro hacia mañana" por "ahora miro hacia esta tarde".

y la noche. Por la noche, repasas la tarde (desde el Examen del mediodía) y miras hacia la mañana siguiente. Si para ti el Examen es algo nuevo, puede que te resulte más fácil empezar por rezarlo una sola vez al día.

En el Examen repasamos nuestro pasado reciente para encontrar a Dios y sus bendiciones en la vida cotidiana. También repasamos para encontrar los momentos del día en los que las cosas no han ido tan bien: momentos en los que nos ha dolido algo que nos ha pasado o en los que hemos pecado o hemos cometido un error. Alabamos a Dios y le damos gracias por los momentos de bendición. Pedimos perdón y sanación por los momentos difíciles y dolorosos. Habiendo reflexionado sobre este día ya pasado, después nos volvemos hacia el día que viene y pedimos a Dios que nos muestre los potenciales desafíos y oportunidades del día de mañana. Intentamos anticipar qué momentos pueden ir por un camino o por el otro: hacia el plan de Dios o alejándose de él. Pedimos luz para distinguir las gracias que nos pueden hacer falta para vivir bien ese día siguiente: paciencia, sabiduría, fortaleza, autoconocimiento, paz, optimismo. Pedimos a Dios esa gracia y tenemos la confianza de que él quiere, incluso más que nosotros mismos, que el día nos salga bien.

Esa es la idea básica detrás del Examen ignaciano. San Ignacio decía que este debe ser el momento más importante del día. ¿Por qué? Porque este momento afecta a todos los demás momentos.

¿Cómo se hace el Examen?

San Ignacio propone una sencilla rutina de cinco pasos para nuestro Examen diario:

Dar gracias. Comienzo por agradecer a Dios todas las cosas por las que hoy siento gratitud. Dejo mi mente en libertad y reflexiono sobre las maneras en las que Dios me ha bendecido en este día concreto. Permito que afloren cosas grandes y pequeñas: todas, desde el don de la fe y el don de mi matrimonio hasta lo fácil que ha sido llegar hoy al trabajo.

Pedir el Espíritu. A continuación, quiero fijarme en los momentos de mi jornada en los que no he actuado muy bien. Antes de hacerlo, sin embargo, pido a Dios que me llene de su Espíritu para que él me guíe en este difícil repaso del alma. De lo contrario, corro el riesgo de esconderme en la negación, de solazarme en la autocompasión o rabiar con autodesprecio.

Repasar y reconocer los fallos. Echo una mirada retrospectiva a mi jornada y pido al Señor que me indique los momentos en los que he cometido algún fallo, ya sea grande o pequeño. Miro con seriedad los errores que he cometido hoy.

Pedir perdón y sanación. Si he pecado, pido a Dios que me perdone y que me ponga otra vez en el buen camino. Si no he pecado, sino que solamente me he equivocado, pido la sanación de cualquier daño que pueda haber ocasionado. Pido ayuda para superarlo y seguir adelante. También pido sabiduría para discernir cómo manejar mejor los momentos delicados en el futuro.

Rezar por el día siguiente. Pido a Dios que me muestre cómo pueden ir las cosas mañana. Imagino lo que haré, la gente a la que veré y las decisiones que estudiaré. Pido ayuda para los momentos que considero serán difíciles. En especial, pido ayuda en los momentos en los que pueda estar tentado de fallar como lo he hecho hoy.

Para ayudarme a recordar los cinco pasos, me gusta reducirlos a fórmulas de una sola palabra cuyas iniciales forman el acrónimo *GIRAR*:

- **Gratitud** por los momentos que han ido bien y por todos los dones que tengo hoy.
- **Invocar** al Espíritu para que me guíe en el repaso del día.
- **Repasar** el día.
- **Arrepentirme** de todo error o falta.
- **Resolver**, de manera concreta, vivir bien el día de mañana.

¿Cómo utilizar este libro?

No hay problema en ceñirse sencillamente al Examen original en cinco pasos que propone san Ignacio. Pero puede que el Examen te resulte más nuevo y espontáneo cambiando ligeramente cada día las preguntas de reflexión. La meta final de todos los exámenes de este libro es la misma: experimentar un encuentro entre Dios y las cosas de la vida diaria. Pero el plantear preguntas ligeramente *distintas* cada día deparará resultados asimismo ligeramente distintos, y ello mantendrá la experiencia dinámica y estimulante.

Un método sencillo: el primer día del mes, pon tu marcapáginas en el Examen 1 y utiliza ese examen para reflexionar sobre tu vida. Al día siguiente, pasa al Examen 2, y así sucesivamente. Al principio del mes siguiente, mueve el marcapáginas otra vez al Examen 1 y empieza de nuevo. Hay treinta y cuatro exámenes, por lo cual tienes para todo el mes, aunque te saltes dos o tres exámenes con los que no te sientas tan identificado.

Pero no hace falta ser tan estrictos. Según te vayas familiarizando con los distintos exámenes, puedes saltar de uno a otro de acuerdo con tu estado de ánimo y tus preferencias. O quizá veas que ciertos exámenes se prestan fácilmente a ser usados en alguna situación por la que estás rezando. Es válido, ve directamente a ellos. Todos los exámenes llevan al mismo lugar: un lugar de unión con Dios en los detalles de tu vida. Por tanto, puedes recurrir a cualquier Examen que te guste por cualquier motivo.

Unas sugerencias antes de empezar

En el punto en el cual hallare lo que quiero me detendré, sin
tener ansia de pasar adelante hasta que me satisfaga.
—San Ignacio de Loyola, *Ejercicios Espirituales*, 76

Hace muchos años que ayudo a otros a aprender y practicar esta oración. Por eso conozco tanto sus inconvenientes como su potencial. Los siguientes son unos puntos a tener en cuenta.

Que sea breve

Recomiendo encarecidamente que tu examen nunca exceda los quince minutos. Una de las cualidades singulares de esta oración es su espíritu instantáneo, que va al grano, "listo para llevar", "enchufar y jugar". No se pretende que el Examen sea una experiencia de exploración profunda. Está pensado como una sencilla comprobación sobre la marcha que me recuerda la presencia de Dios y me orienta hacia él.

Digamos que soy piloto comercial y estoy en pleno vuelo de larga distancia. Noto que el motor 2 se está sobrecalentando un poco, como viene haciendo últimamente. Sé que no es una situación de peligro inminente, pero más tarde tendrá que arreglarlo un mecánico. Cuando lleguemos a nuestro destino esta noche, se lo diré al personal de tierra para que los mecánicos del turno de noche "levanten el capó" y hagan una reparación más permanente. Hasta entonces, me limitaré a vigilarlo y a regularlo un poco desde aquí, desde la cabina.

¿Cómo se aplica esta analogía a mi vida espiritual? El mecánico que levanta el capó para hacer una reparación permanente es los periodos de contemplación y meditación, más largos y profundos, y el resto del trabajo espiritual: por ejemplo, la lectura espiritual a propósito del problema o hablar con mi párroco, mi director espiritual o un amigo con el que hable de espiritualidad. El Examen es análogo al piloto que comprueba los instrumentos de cuando en cuando y hace pequeñas correcciones durante el vuelo para maximizar el rendimiento del avión durante un vuelo en concreto.

Esto no quiere decir que no ocurra nada grandioso ni importante durante el Examen. Siguiendo con la analogía, es en las comprobaciones en vuelo cuando descubrimos la mayoría de los asuntos que hay "debajo del capó". Pero el momento del Examen es a mitad de la jornada laboral o al final de un largo y cansado día. Así que pretende ser un momento de oración "in situ", y no una meditación sostenida y a fondo.

Otra cuestión práctica: a algunas personas les ayuda poner una alarma para ser breves sin tener que estar mirando el reloj. Poner una alarma te permite sumirte en la oración sin tener que preocuparte de volver a la vida cotidiana al debido tiempo.

Salta a las partes buenas

Al empezar un Examen determinado de los que contiene este libro, antes que nada, lo leo todo rápidamente y me hago una idea de adónde me llevará. Después, al rezar el Examen, me detengo y me demoro *solo* en los pasos que de verdad me conmueven, aquellos de los que parece que saco algún fruto, y paso con suavidad, pero también con presteza, por los pasos que no parecen llamarme hoy. Por ejemplo, el Examen 18: "Dios, los demás, yo mismo", me invita primero a considerar mi relación con Dios, después mi relación con los demás y finalmente la relación conmigo mismo. ¡No hay manera de hacer una reflexión seria sobre estas tres relaciones distintas en solo quince minutos! Así que, en vez de eso, en oración, hago una revisión global y muy breve de las tres relaciones. Al hacerlo así, puede que note que una de esas tres reflexiones me atrae de veras, ya sea porque me intriga una intuición que ha surgido de repente o porque mi corazón se ha visto conmovido por una gran emoción mientras reflexionaba sobre esa relación en particular. Pues bien, no pierdo ni un minuto más con las otras dos relaciones (quizá sean importantes el mes que viene, cuando vuelva a rezar este Examen). En lugar de eso, voy directamente a la que me ha atraído y paso el resto del Examen en esa relación, sin pensar más en las otras dos.

¿Qué quiero decir con esto? Que no tengo por qué dejar que los ocho, diez o doce pasos de un Examen dado me abrumen, obligándome a lidiar con cada uno hasta que encuentre una "respuesta" y solo entonces dar el siguiente paso. ¡El Examen no es un problema de matemáticas! Antes bien, dejo que cada paso me sugiera poco a poco en qué parte de mi corazón puedo buscar el rincón preciso que Dios quiere mostrarme, como un padre que ayuda a su hijo a buscar huevos de Pascua en un prado: "¿Qué tal si miras por allí? ¿Y por aquí?". Una vez que encuentro ese rincón, dejo todo lo demás y me demoro ahí un rato con Dios antes de proseguir.

A veces, rompe todas las reglas

Ya he sugerido antes que no dudes en saltarte un paso u otro de un Examen dado. Ahora, voy más lejos: ¡a veces no deberás dudar en abandonarlo por completo! Por ejemplo, mientras escribo esto, aún estoy lleno de gratitud por lo que me pasó anoche. Me pidieron que fuera a una iglesia cercana para ayudar a otros dos sacerdotes a oír confesiones. Yo vacilaba, porque tenía otra cosa importante que hacer. Pero sentí cómo tiraba de mí la vocación sacerdotal y dije que sí. Bueno, pues estoy muy contento de haberlo hecho, porque fue una experiencia preciosa y conmovedora.

A un observador le parecería que no ocurrió nada extraordinario. Escuché las confesiones de un grupo de adolescentes que se preparaban para la Confirmación. Antes y después, charlé con los otros dos sacerdotes. Aproveché la oportunidad para confesarme yo. Ninguno de estos hechos fue muy espectacular. Pero, ¡caramba, cómo me conmovió la sinceridad de aquellos chicos! Y rezar durante el sacramento con cada uno de ellos, compartir el dolor y el sufrimiento de sus momentos difíciles, proclamar las palabras de absolución sobre sus cabezas. . . Toda la experiencia me hizo sentir cómo el poder divino de la misericordia de Dios pasaba, a través de mis manos de sacerdote, a sus almas. Y terminar con el sencillo compañerismo de mis hermanos sacerdotes y con la simple e insignificante confesión de mis propios pecados. . . Bueno, fue una noche cargada de electricidad divina. Volví a casa "repleto" de Dios.

Anoche, antes de acostarme, saqué mi colección de exámenes y fui al siguiente de mi lista, el Examen 25: "Gracias por. . . Perdóname por. . . Ayúdame con. . .". Cuando empecé a rezar, la estructura y los pasos me parecieron demasiado pequeños y limitados. El recipiente de este Examen no podía contener el gozo y la gratitud rebosantes que sentía en mi corazón. Así que lo dejé a un lado y pasé todo el tiempo de Examen dando gracias y alabando a Dios por mi sacerdocio, por la bondad de aquellos chicos y sacerdotes y por la misericordia inagotable de Dios. Permanecí sentado alabando y agradeciendo, sin más.

Muchas veces me acerco al Examen rebosante de alegría, gratitud, alivio o maravilla. Otras veces estoy lleno de emociones no gozosas, sino negativas. Algunos exámenes los he empezado con gran tristeza, enfado, vergüenza o confusión. Cuando entro en el Examen lleno de emociones fuertes por una experiencia que acabo de tener o por anticipar algo grande que está a punto de suceder, muchas veces me salto el formato "paso a paso" y permanezco con el Señor, expresando la emoción fuerte que siento en el momento e intentando percibir la respuesta que Dios me devuelve.

No te atasques en el pecado

Desafortunadamente, a menudo se confunde el Examen ignaciano con el examen de conciencia. Se parecen en que ambos guían a la persona en el repaso de su vida. Pero estas dos experiencias de oración tienen fines distintos.

El examen de conciencia te prepara para confesar tus pecados y pedir perdón. Pasas todo el tiempo de oración considerando tus actos pecaminosos del pasado.

El fin del Examen ignaciano incluye una reflexión sobre el pecado y el perdón, pero es mucho más amplio. El objetivo es explorar con Dios *todas* las facetas de mi vida pasada, presente y futura; no solo las partes malas del pasado. Dios y yo examinamos juntos mi vida con una visión *integral*: mis pecados y mis virtudes, mis fracasos y mis éxitos, las cosas por las que estoy agradecido y las cosas que me enfurecen, los sucesos futuros que me alegran y también los que temo, los altos y los bajos, las pesadillas y los sueños agradables, ¡todo!

Reflexionar sobre mi pecaminosidad es uno de los más grandes dones del Examen ignaciano. No solo conduce a mi propia experiencia de liberación, sino que también me especifica en lo que tengo que trabajar para seguir con mayor fidelidad a Jesús. Sin embargo, debo tener cuidado de no quedarme en la culpa, el pecado y el fracaso. La esencia del pecado es el egoísmo. Pero ocuparme de mis pecados —reflexionar sobre ellos, lamentarlos, arrepentirme de ellos— es todavía fijarme en *mí*. Aún me preocupo por mí mismo y todavía no me he vuelto desinteresado y altruista. Así pues, *dedicamos un tiempo a nuestros fracasos para seguir adelante partiendo de ellos, para convertir esas piedras caídas en escalones.*

En el Examen ignaciano, indago en mis pecados y dejo que Dios me perdone y me cure. También dedico un tiempo a dar gracias, a tener sueños grandes y santos sobre mi futuro y a idear con Dios cómo hacer de forma concreta que ese futuro divinamente inspirado cobre vida.

Prueba con un diario "tamaño tuit"

Escribir un diario me ha servido de estupenda ayuda en la experiencia del Examen. Pero he aquí el truco: nunca escribo más de una palabra, una frase o —a lo sumo— un párrafo cortito. Mi anotación de un día dado nunca pasa de las veinte palabras, y a menudo solo son una o dos.

¿Por qué funciona esto tan bien? Estos apuntes del tamaño de un tuit me ayudan en tres sentidos, por lo menos. Primero: el saber que tengo que poner algo en el papel al final del Examen me mantiene bien concentrado en el asunto de mi oración y evita que mi mente se desvíe demasiado del tema. Segundo: el escribir una verdad dolorosa, o que hasta entonces no he admitido, la saca a la luz e impide que siga negándola. A veces el Examen me ayuda a encarar una realidad que llevo tiempo negando:

- "Estoy muy enfadado con ____".
- "Tengo miedo de ____".
- "Sabes, en cuanto a ____, ¡no es tan malo como yo pensaba!".
- "Me duele que ____".

Hay veces que me viene un pensamiento como estos en mitad del Examen. Lo apunto y luego, solo durante un momento, miro lo que he escrito. Ya no hay manera de negarlo. Está ahí, negro sobre blanco.

Por último, ya que pongo la fecha en cada entrada, puedo hacerme una idea de dónde ha estado mi corazón últimamente. Algunas veces, antes de empezar el Examen, echo un vistazo al último par de apuntes. Eso me sitúa justo en el punto donde me quedé, o tal vez me muestra lo lejos que he llegado en tan poco tiempo, lo distintos que son mis sentimientos de hoy comparados con los de los días anteriores. De vez en cuando, una vez al mes o una vez por "temporada", me paso el Examen entero sin hacer otra cosa que rezar a propósito de mis apuntes. Esta experiencia puede ser reveladora y emocionante.

Que siempre sea una oración

Dado que el Examen es muy concreto, puede a veces alejarse de la oración y convertirse en un ejercicio de pensar, sin más. Practicar este ejercicio de pensar todos los días —es decir, dedicar cada día unos minutos a evaluar el día y valorar lo bueno y lo malo de él, así como los desafíos y las oportunidades que te aguardan— es una forma inteligente y fructífera de invertir tu tiempo. Cualquier libro de introducción a la administración de empresas te dirá lo mismo. Pero, para que esta experiencia de diez minutos sea un Examen, tiene que ser de verdad un tiempo de oración. Y para que sea de verdad una oración, *tiene que estar centrado en Dios*. En concreto, esto quiere decir lo siguiente:

- **Le pido a Dios que tome la iniciativa.** En vez de limitarme a buscar nuevas intuiciones, pido a Dios que me muestre mi jornada desde su punto de vista. Derrick, un jesuita amigo mío, me dijo una vez: "A veces le digo a Dios: '¡Señor, haz tú el Examen de mi jornada y yo miro!'. Va por sitios totalmente distintos cuando le dejo tomar la iniciativa al Señor".

- **Hablo con Dios en vez de hablar conmigo mismo.** En vez de decirme a mí mismo: "Mañana quiero ocuparme de _____", me dirijo a Dios y le digo: "Señor, por favor, ayúdame a ocuparme mañana de _____".

- Más que nada, **estoy a la escucha de la voz de Dios.** Con el ojo de la mente, *vigilo para percibir* a Dios. ¿Qué quiere decirme Dios justo en este momento? ¿Qué hace Dios ahora mismo? ¿Me sonríe? ¿Me toma de la mano? ¿Escucha con atención amorosa? ¿Tiene una palabra de consejo, de advertencia, de afirmación? ¿Está callado y, al parecer, distante?

Esto último, la posibilidad de que Dios esté callado o parezca distante, importa mucho; porque a menudo Dios sí guarda silencio, y cuando lo hace *parece* distante. Nuestra fe nos dice que Dios nunca está lejos de nosotros, que mora en cada molécula de nuestro ser. Pero con frecuencia no *sentimos* su presencia. ¡No pasa nada! No te preocupes por ello. Es perfectamente natural y normal, y todos los santos —desde Teresa de Ávila, pasando por Teresa de Lisieux, hasta Teresa de Calcuta— nos lo han asegurado. Para que sea oración, pues, no es necesario sentir la presencia de Dios en todo momento; solo tenemos que permanecer a la escucha de Dios. No hace falta que *oigamos* hablar a Dios, con tal de que *escuchemos* por si decidiera decirnos algo. Es la actitud de estar atentos a la voz de Dios lo que nos orienta hacia él, hable o no hable en un día dado.

Con el tiempo, desarrolla tus propios rituales para comenzar y finalizar la oración

Observarás que todos los exámenes de este libro empiezan con el primer paso de "Comienzo como de costumbre" y acaban con el último paso de "Termino como de costumbre". Te recomiendo que desarrolles poco a poco rituales propios y personales para comenzar y terminar el Examen. Algunas personas empiezan el Examen recitando una oración tradicional, como el Padrenuestro, o entonando un canto sencillo, como *En manos del alfarero*, o repitiendo una cita de las Sagradas Escrituras que les guste particularmente ("Mi corazón está firme, oh Dios, mi corazón está firme"). Otras personas hacen una reverencia ante su lugar de oración como declaración de que es un espacio sagrado. Los católicos normalmente empezamos con la Señal de la Cruz. A muchos les resulta útil empezar por respirar profunda y pausadamente. Todos estos ejemplos pueden ser también rituales para terminar el Examen. La idea es tener una manera sencilla, breve y orante de entrar en esta experiencia y una manera que asimismo nos sirva para concluirla y volver a las tareas del día.

Las siguientes son unas pautas básicas para ayudarte a comenzar, hasta que desarrolles tus propios rituales.

Pautas de un ritual de comienzo

- Hago la Señal de la Cruz.
- Rezo el Padrenuestro o la Oración de la mañana.
- Entono o vocalizo el estribillo o un verso de mi canto favorito.
- Hago una reverencia ante mi lugar de oración.
- Pongo mis manos, con las palmas hacia arriba, en actitud de receptividad.
- Enciendo una vela.
- Me calmo. Respiro más despacio. Permanezco sentado en silencio un momento y procuro bajar el volumen de los pensamientos y preocupaciones que asaltan mi mente.
- Pido a Dios que me dé a conocer su presencia en este momento. Siento la presencia de Dios a mi alrededor e incluso dentro de mí. Si me resulta natural hacerlo, me permito demorarme en esta sensación de presencia de Dios. Me sumerjo en esta experiencia, empapándome de ella, durante un momento, como si fuera un baño cálido. Si no siento la presencia de Dios, espero un momento más, callada y pacientemente. Si aun así no siento su

presencia, no dejo que ello me moleste. Me apoyo, sin
más, en la fe de que él está aquí, aun cuando yo no perciba su presencia. Dejo que mi corazón, mi mente y mi
alma recuerden la sensación que tengo cuando sí percibo
su presencia, y dejo que por ahora me baste con eso.

* A continuación, paso al Examen del día.

Pautas de un ritual de conclusión

Cuando siento que es hora de concluir el Examen (quizá ha
sonado la alarma de los diez minutos), me pregunto si hay alguna
última cosa que desee compartir con el Señor. Si todavía no
he dicho, pedido o prometido nada respecto al futuro (el día
siguiente, la semana que viene, etc.), lo hago ahora. A continuación, concluyo con uno o dos gestos físicos.

* Junto las manos en señal de clausura.
* Apago mi vela.
* Entono o vocalizo un verso final o el estribillo de mi cán-
  tico favorito.
* Concluyo con el Padrenuestro o la Oración de la
  mañana.
* Hago la Señal de la Cruz.
* Hago una reverencia ante mi lugar de oración antes de
  marcharme.

Exámenes

Examen 1
Examen ignaciano tradicional

San Ignacio recomienda estos cinco pasos: *mostrar gratitud* por lo bueno, *invocar* al Espíritu, *repasar* el día, *arrepentirme* de toda falta y *resolver* vivir bien el día de mañana:

> "*El primer punto* es dar gracias a Dios nuestro Señor por los beneficios recibidos.
>
> *El segundo*, pedir gracia para conocer los pecados y rechazarlos.
>
> *El tercero*, pedir cuenta al alma desde la hora de levantarse hasta el examen presente, de hora en hora o de tiempo en tiempo; y primero del pensamiento, después de la palabra, y después de la obra [. . .].
>
> *El cuarto*, pedir perdón a Dios nuestro Señor de las faltas.
>
> *El quinto*, proponer enmienda con su gracia. Decir un Padrenuestro".
>
> —*Ejercicios Espirituales*, 43

1. Comienzo como de costumbre.[2]

2. **Primero: doy gracias.** Pido a Dios que me revele todos los dones y todas las *gracias* que me ha concedido hoy, desde los realmente grandes (vida, seguridad, amor) hasta los más pequeños (un sueño reparador, una llamada

---

2. Ver las pautas para el ritual de comienzo en la sección "Unas sugerencias antes de empezar".

alentadora de un amigo, una tarea terminada, un cumplido). Por cada don que me venga a la mente, dedico un momento a alabar y dar gracias a Dios.

3. **Segundo: invoco.** Sabiendo que necesito la ayuda de Dios para ver mi lado más oscuro de manera realista, pero desde la perspectiva del amor misericordioso de Dios, pido que me llene de su Espíritu. Le pido a Dios que sea el guía e iniciador de este tiempo de oración y que no deje que yo lo convierta en un obsesivo rumiar sobre las cosas que no me gustan de mí mismo.

4. **Tercero: repaso.** Yendo hora por hora, repaso el día. Con la imaginación, revivo cada momento significativo del día. Me detengo en los momentos importantes y paso menos tiempo en los de menor relevancia.

5. **Cuarto: me arrepiento.** Mientras voy repasando el día, sigo dando gracias a Dios por todos los dones que encuentro en él. Pero ahora me detengo en los momentos difíciles: cuando he tenido un mal pensamiento, he dicho algo que no debí o he hecho algo inapropiado. También presto atención a toda oportunidad desaprovechada, como cuando he podido actuar de forma más cristiana pero no lo he hecho. Cuando encuentro momentos en los que no he sido plenamente la persona que estoy llamado a ser, me detengo y pido perdón a Dios. Intento sentir cómo su misericordia sanadora me lava, dejándome limpio e íntegro.

6. **Quinto: resuelvo.** Con lo que he aprendido acerca de mi vida y de mí mismo durante este tiempo de oración, pido

a Dios que me muestre concretamente cómo quiere que responda o qué quiere que haga mañana. Y lo que quizá es más importante: pido a Dios que me muestre el tipo de persona que él me llama a *ser* mañana. Resuelvo ser esa persona. Incluso puedo hacer alguna promesa en ese sentido. Pido a Dios que me ayude a ser la persona que estoy llamado a ser.

7. Termino como de costumbre.[3]

---

3. Ver las pautas para el ritual de conclusión en la sección "Unas sugerencias antes de empezar".

Libertad espiritual

Somos **libres espiritualmente** cuando nuestro estado espiritual y emocional es saludable. Somos libres espiritualmente cuando tenemos equilibrio en lo emocional y deseamos ser personas fieles, amorosas y con esperanza. Estamos **faltos de libertad espiritual**[4] cuando nuestras emociones negativas y nuestras tentaciones nos superan; cuando estamos demasiado enfadados, tristes, tentados o asustados como para pensar acertadamente. Estamos faltos de libertad cuando nos sentimos apáticos y no tenemos inspiración para ser más fieles, amar más y tener más esperanza. Estamos faltos de libertad cuando no sentimos la presencia de Dios en ese momento y no nos importa o sentimos demasiado miedo como para manejar bien la situación.

En este examen puedes explorar la pregunta: "¿Cuál ha sido mi momento de menos libertad esta mañana?". Con esto queremos decir: ¿Cuándo he estado de mal humor? ¿Cuándo ha tomado el mando mi lado infiel, desesperanzado, no amoroso? ¿Cuándo he dejado que mis emociones negativas controlen mis pensamientos y acciones?

A continuación, puedes explorar la pregunta: "¿Cuál ha sido mi momento de mayor libertad?". Es decir: ¿Cuándo he estado

---

4. Acerca de la libertad espiritual y su ausencia, ver la sección "Términos ignacianos importantes" al final del libro. Las palabras señaladas en este libro en cursiva y negrita aparecen explicadas en esa sección.

verdaderamente de buen humor? ¿Cuándo ha prevalecido mi lado más fiel, esperanzado, amoroso? ¿Cuándo he pensado de manera clara y objetiva, tenido pensamientos buenos y amorosos y tomado decisiones buenas y amorosas?

1. Comienzo como de costumbre.

2. Paso unos momentos en gratitud, dando gracias a Dios por una o dos de las bendiciones, grandes o pequeñas, que haya recibido hoy: el buen humor con que me he despertado, una palabra amable de un amigo, mi inmerecida buena salud, el tráfico fluido, otro día con mi maravilloso cónyuge.

3. Mirando hacia atrás, pregunto a Dios: "¿Cuál ha sido hoy mi momento de menor libertad?". Es decir, ¿en qué momento me he dejado llevar por mis propios miedos, resentimientos, antojos, adicciones, ansias o pensamientos desesperados? Vuelvo con la imaginación a ese momento concreto del día. Me imagino junto a Dios, sentado a su lado, observando el momento. Imagino que podemos ver no solo el exterior, como en un video de cámara oculta, sino también los movimientos interiores. En otras palabras: Dios y yo observamos cómo mi corazón se va llenando de la emoción negativa que me ha arrastrado.

4. Hablo con Dios de lo que veo. Le pido perdón o, tal vez, sanación. Dejo que me muestre la situación desde su perspectiva. ¿Siento que Dios intenta decirme algo sobre esto? Hablo con él de ello, reconociendo especialmente mis emociones más profundas al respecto.

5. Mirando nuevamente hacia atrás, pregunto: "¿Cuál ha sido hoy mi momento de mayor libertad espiritual?". ¿En qué momento me he sentido y he actuado libre de negatividad, de pensamientos bajos y mundanos? ¿En qué punto me he sentido más *vivo* y más en sintonía con Dios, aun cuando no lo haya notado entonces?

6. Así como hice antes, me imagino junto a Dios, mirando ese momento lleno de gracia. Repasamos el momento aquí, en mi tiempo de oración. Observamos no solo lo que ha sucedido, sino también lo que estaba ocurriendo en el fondo de mi corazón. Hablo de eso con Dios. Dejo que él me muestre su punto de vista. Hablamos un rato de ello. Celebramos ese momento.

7. Ahora, Dios y yo miramos hacia el día de mañana. ¿Cómo puedo vivir mañana con esa libertad que sentía en el momento lleno de gracia de hoy? ¿Qué actitudes y conductas adoptaré para evitar el pozo de ese momento sin libertad? ¿Qué me llama Dios a hacer para vivir en libertad espiritual?

8. Hago las promesas que me sienta llamado a hacer. Pido a Dios que me ayude a cumplirlas.

9. Termino como de costumbre.

Nombrar la gracia

*Empiezo [mi oración] pidiendo a Dios nuestro Padre la gracia
que deseo. Aquí será. . .*
—San Ignacio de Loyola

La palabra *gracia*[5] se emplea de muchas maneras distintas. En este libro la utilizamos para referirnos a un "don espiritual" o "virtud". Me gusta preguntarme: "Si pudiera pedir ahora a Dios un don espiritual (valor, paz, claridad, paciencia, fortaleza), ¿cuál sería?". San Ignacio pensaba que es importante ser consciente de "la gracia que deseas", es decir, el don espiritual o virtud que necesitas o quieres en este momento. Por ejemplo, si tu compañero de trabajo no ha dejado te causarte problemas esta mañana, puedes pedir paciencia en el Examen del mediodía. Si te ha dolido algo que te ha dicho hoy un ser querido, puedes pedir la gracia de la paciencia, la paz o la templanza —la virtud que necesites para no permitir que el sentirte herido te lleve a pensar o actuar de manera inadecuada—. Si esta mañana te ha tentado un pecado en concreto, puedes pedir la gracia de la fortaleza, la fidelidad o la disciplina espiritual.

1. Comienzo como de costumbre.

2. Paso unos momentos en gratitud, dando gracias a Dios por una o dos de las bendiciones, grandes o pequeñas, que haya recibido hoy: el buen humor con que me he

---

5. Acerca de la *gracia*, ver la sección "Términos ignacianos importantes" al final del libro.

despertado, una palabra amable de un amigo, mi inmerecida buena salud, el tráfico fluido, otro día con mi maravilloso cónyuge.

3. Pido a Dios que me muestre el desafío más grande al que me he enfrentado hoy. ¿Cómo he respondido a ese desafío? ¿He respondido con *libertad espiritual* o *falto de libertad*? ¿Qué consecuencias han tenido mis pensamientos, sentimientos, palabras y acciones? Si me siento impulsado a hacerlo, doy gracias, pido perdón, pido sanación.

4. Ahora miro cómo está mi espíritu en este preciso momento. Ahora mismo, ¿cuáles son mis sentimientos acerca de ese desafío? Hablo con Dios de mis sentimientos y permanezco a la escucha de cualquier respuesta de Dios.

5. Pido al Señor que me muestre la gracia o virtud que puedo necesitar para afrontar ese desafío mañana y en el futuro (por ejemplo: paciencia, fortaleza, valor, generosidad, paz de mente y corazón). Mirando a los últimos días, pido al Señor que me muestre en qué aspectos no soy receptivo a esa gracia. Pido al Señor perdón y fuerza para estar abierto a esa gracia de ahora en adelante.

6. Me permito imaginar que estoy "repleto" de esa gracia. ¿Cómo podría ser el día de mañana si esa gracia me acompañara en todo momento? Trato de *visualizar en mi oración*[6] el gozoso momento en que responderé a ese desafío de una manera llena de gracia.

---

6. Acerca de *visualizar en oración*, ver la sección "Términos ignacianos importantes" al final del libro.

7. Pido a Dios que me conceda la gracia que necesito para ser la persona que él me está llamando a ser. Repito una y otra vez ante Dios el nombre de esa gracia. Intento sentir cómo Dios me llena en silencio de esa gracia. Alabo a Dios por las gracias que me otorga.

8. Si me siento impulsado a hacerlo, tomo la decisión de ser la clase de persona que me siento llamado a ser.

9. Termino como de costumbre.

Examen 4

Una relación en particular

En lugar de reflexionar sobre el día transcurrido, el Examen de hoy te lleva a ponderar la dinámica a largo plazo de una relación concreta que haya en tu vida.

1. Comienzo como de costumbre.

2. Paso unos momentos en gratitud, dando gracias a Dios por una o dos de las bendiciones, grandes o pequeñas, que haya recibido hoy: el buen humor con que me he despertado, una palabra amable de un amigo, mi inmerecida buena salud, el tráfico fluido, otro día con mi maravilloso cónyuge.

3. Mirando al pasado reciente, pido a Dios que me muestre a la persona que ha ocupado en gran medida mi mente y mi corazón. A buen seguro, saldrá a la superficie de mi consciencia una persona en particular con bastante rapidez. Dibujo con los ojos de la mente un buen retrato de esa persona. Escucho su voz, reconozco sus gestos, etc.

4. Especulo junto con Dios sobre la razón por la que esa persona haya ocupado tanto mi atención últimamente. Puede que sea obvia —por ejemplo, estamos discutiendo— o que no lo sea tanto. Hablo con Dios de esta relación.

5. Pido a Dios que revele la emoción que es más intensa en mí cuando reflexiono sobre mi relación con esa persona. ¿Gran amor? ¿Ambivalencia? ¿Gratitud? ¿Enfado? ¿Apego? ¿Dolor? ¿Preocupación? ¿Confusión? Le cuento a Dios cómo me siento en este mismo instante. Me dejo sumergir en esa emoción durante un momento y presento esto a Dios. Me mantengo receptivo a lo que Dios diga o haga.

6. Pido a Dios que me dé una visión global de mi relación con esa persona. Esto no será un análisis minucioso, paso a paso, sino un "mirar desde la distancia" de manera sosegada y contemplativa para poder ver el "bosque" de la relación y no perderme en sus "árboles". Vista en su totalidad, ¿qué ha significado para mí esa relación? Aparte de lo que esté pasando ahora, esa relación ¿ha sido vivificante o agotadora? ¿Me ha acercado a Dios y a su camino o me ha alejado de él? ¿Tengo más fe, más esperanza y amo más a causa de esa relación, o menos? ¿Cuál ha sido la parte más difícil de esa relación? ¿Cuál ha sido la parte más placentera y vivificante? Por último, la emoción intensa que siento respecto al momento presente (los "árboles"), ¿está en sintonía con las emociones intensas que siento cuando reflexiono sobre la relación en su conjunto (el "bosque")? Hablo con Dios de todo ello, escuchando además de hablar, por si Dios quisiera decirme algo.

7. Todavía reflexionando sobre el "bosque", pido a Dios que me muestre mis propias emociones y deseos en cuanto al futuro de esa relación. ¿Cuáles son mis principales

preocupaciones o miedos con respecto a esa relación? ¿Cuáles son mis grandes *deseos*[7] con respecto a esa relación? ¿Cuáles son mis esperanzas y sueños? Hablo de ello con Dios. Si deseo algo en particular, se lo pido explícitamente. Por ejemplo: "Señor, ayúdanos a superar ____ y a concentrarnos en ____ ".

8. Ahora, vuelvo a los "árboles" del momento presente. Dada mi reflexión sobre el "bosque", ¿ha variado mi perspectiva?, ¿han cambiado mis emociones respecto a los asuntos del día? Exactamente, ¿qué estoy llamado a hacer mañana por o con esa persona? Hablo de ello con Dios. Si me siento llamado a hacerlo, prometo específicamente pensar, hablar o actuar de determinada manera. Pido a Dios que me ayude a cumplir esta promesa.

9. Termino como de costumbre.

---

7. Acerca de los deseos, ver la sección "Términos ignacianos importantes" al final del libro.

Verdades interiores ocultas

Si eres como yo, en cualquier momento dado hay pequeñas verdades de tu vida que yacen bajo la superficie de tu ser consciente. Cosas que todavía no has reconocido o admitido. Para mí, estas verdades ocultas suelen ser alguna realidad dolorosa que me cuesta aceptar, aunque no siempre. A veces en mi vida también hay sucesos felices que no me he detenido a percibir o identificar como es debido. Este Examen intenta ahondar en nuestros pensamientos, emociones, conductas y motivaciones tratando de descubrir una o dos verdades ocultas.

Una cosa que hay que tener en cuenta antes de comenzar es que a veces es difícil traer al nivel consciente la verdad interior oculta que realmente importa, y que se resistirá a cualquier tentativa de hacerlo. A veces simplemente nos cuesta admitir una verdad interior que está controlándonos. En estos casos, tu mente intentará usar una táctica de distracción para mantenerte despistado; puede que te revele una verdad interior menos amenazante para tenerte ocupado durante lo que queda de Examen. Por eso te recomiendo que no te des por satisfecho con el primer par de verdades interiores que salgan a la superficie. Sigue ahondando algunos minutos más hasta quedarte con la que creas más importante, que bien puede ser la tercera o cuarta que te venga a la mente.

1. Comienzo como de costumbre.

2. Paso unos momentos en gratitud, dando gracias a Dios por una o dos de las bendiciones, grandes o pequeñas, que haya recibido hoy: el buen humor con que me he despertado, una palabra amable de un amigo, mi inmerecida buena salud, el tráfico fluido, otro día con mi maravilloso cónyuge.

3. Pido a Dios que me revele cualquier verdad oculta sobre las relaciones importantes de mi vida. Por ejemplo, "No me había dado cuenta, pero. . .":

   • Estoy enfadado con _____.
   • Me atrae _____.
   • Me estoy llevando mejor con _____.
   • No estoy tan enfadado con _____. ¡Es como si la hubiera perdonado sin darme cuenta!
   • Me dan miedo los arrebatos de _____.
   • Estoy intentando impresionar a _____.

4. Si tengo una revelación grande y llamativa, una que me haga decir: "Vaya, eso no lo había notado" o "Bueno, supongo que es hora de admitir que eso es cierto", me quedo en esa sola verdad el resto del Examen. Si no aparece nada importante mientras reflexiono sobre mis relaciones, paso a mis pensamientos, sentimientos y actitudes subconscientes respecto a los hechos recientes de mi vida, respecto a cualquier apego al que me aferre y respecto a mi relación conmigo mismo. Por ejemplo: "No me había dado cuenta, pero. . .":

   • Estoy triste porque _____ se muda.

- No estoy tan preocupado por esa tarea difícil en el trabajo.
- Estoy preocupado por nuestras finanzas.
- Cada vez paso más tiempo navegando inútilmente por internet.
- Le estoy dando demasiada importancia a ser dueño de _____, cuando tal vez Dios o las circunstancias de mi vida me están pidiendo que no me aferre a ello.
- Me estoy haciendo mayor y no lo quiero admitir.
- No se me da tan mal el _____ como yo pensaba.
- A pesar de mi pesimismo, las cosas están saliendo bien.

5. Cuando haya determinado cuál es la verdad interior más importante, dejo todas las demás y simplemente converso con Dios acerca de esa realidad de mi vida. La resumo en un solo enunciado sencillo, como los ejemplos de arriba, y la repito una y otra vez ante Dios, asimilando su realidad y existencia y procurando que no se esconda de nuevo.

6. Me percato de las emociones que siento al decírselo a Dios. ¿Cuál es la emoción más fuerte que siento cuando le menciono a Dios esa verdad? Ahora añado esa emoción a mi enunciado. Por ejemplo: "Señor, me siento _____ al admitir que _____". Me sumerjo en esa emoción un momento y sigo presentando a Dios tanto la verdad como la emoción que la acompaña.

7. Ahora, guardo silencio por completo e intento detectar si Dios quiere decir o hacer algo con respecto a esa realidad. ¿Qué piensa Dios de esa verdad? ¿Qué piensa Dios de lo

que siento yo? Si me siento llamado a hacerlo, me pongo a la escucha de Dios esperando su mensaje o aguardo a que me toque el corazón. Pregunto a Dios: "¿Qué te gustaría que hiciera al respecto? ¿Cómo debería afectar esta verdad a mi ser?". Escucho a la espera de lo que pudiera ser una respuesta de Dios.

8. Si me siento llamado a ello, le hago una promesa a Dios relacionada con esto.

9. Termino como de costumbre.

¿Presente o ausente?

Dios nos llama a estar plenamente presentes en el momento actual, pero muy a menudo estamos perdidos en otro mundo, perdidos en el pasado, perdidos en el futuro, perdidos en nuestras penas, perdidos incluso en nuestras alegrías. O tal vez nos hemos perdido sin más en el último juego tonto de nuestro teléfono celular, cuando hay alguien o algo que requiere toda nuestra atención. El Examen de hoy te invita a explorar las maneras en las que estuviste presente y en las que estuviste ausente durante la jornada.

1. Comienzo como de costumbre.

2. Paso unos momentos en gratitud, dando gracias a Dios por una o dos de las bendiciones, grandes o pequeñas, que haya recibido hoy.

3. Examinando mi jornada, pido al Señor que me muestre los momentos en los que no he estado plenamente presente: cuando me he distraído y perdido en mis propios pensamientos, o quizá cuando estaba trabajando o jugando con otra cosa, aunque el momento exigía mi atención plena. Pido a Dios que me muestre los efectos negativos de mi ausencia y cómo las cosas podrían haber ido mucho mejor si hubiera estado plenamente presente.

Hablo con Dios de esos momentos. Le pido orientación, sanación y perdón.

4. Conforme repaso el día, reconozco también los momentos llenos de gracia en los que he estado plenamente presente. Tal vez ha sido un momento en el que alguien realmente necesitaba un oído que le escuchara o una mano que le ayudara, y yo he recibido la gracia de hacerlo. Tal vez ha sido una tarea difícil o complicada, y he recibido la gracia de concentrarme bien en la situación. O quizá simplemente haya sido un momento en el que he sido plenamente consciente de la bondad que había en el lugar: en mi interior, en quienes me rodeaban, en el mismo aire que respiraba. Hago una pausa y doy gracias a Dios por esos momentos llenos de gracia.

5. Ahora, miro hacia el día de mañana. ¿En qué momento necesitaré plena atención mañana? ¿En qué momento puedo estar tentado de perderme en mis pensamientos o en alguna diversión? Hablo con Dios de los momentos concretos que podrían dificultar mañana mi plena presencia.

6. Termino como de costumbre.

Examen 7
Un cambio en mi espíritu

Puedes emplear este Examen para reflexionar sobre tu situación en general o sobre un detalle de tu vida. Puedes reflexionar sobre cualquier cosa, desde un pequeño cambio en tu jornada hasta una gran transformación de tu carácter a lo largo de los últimos años. Tal vez quieras utilizar este Examen en momentos de transición, como puede ser al terminar el curso escolar o el día de Año Nuevo.

1. Comienzo como de costumbre.

2. Paso unos momentos en gratitud, dando gracias a Dios por una o dos de las bendiciones, grandes o pequeñas, que haya recibido hoy.

3. Repaso las pasadas semanas, meses o incluso años, y pido a Dios la *gracia* de ver cualquier cambio que pueda haber ocurrido en mi espíritu. Por ejemplo: ¿Estoy más abatido últimamente? ¿He reñido más con la gente? ¿Soy más callado que antes? ¿Me siento más en paz? ¿Me río más? ¿Duermo mejor o peor que antes? ¿Me siento más seguro de mí mismo? ¿Rezo más? ¿Soy más perezoso? ¿Amoroso? ¿Misericordioso? ¿Temeroso? ¿Pesimista? ¿Rencoroso? ¿Tolerante? ¿Dependiente? ¿Me encuentro más relajado? ¿Desesperado? ¿Esperanzado? ¿Preocupado? ¿Ansioso? ¿De qué manera he cambiado?

4. Puede que observe varios cambios en mi espíritu, pero pido a Dios que me revele el más influyente. Me centro en ese. ¿Ha sido un buen cambio? ¿Uno malo? ¿Un poco de todo? Pido a Dios que me muestre el papel que ha desempeñado en mi vida ese cambio. Le pido que me muestre su punto de vista al respecto y cómo ha estado él presente en ese cambio. También considero los aspectos en los que ese cambio *no* proviene de Dios.

5. Pido perdón y sanación por cualquier parte que no provenga de Dios.

6. Si ese cambio ha tenido un efecto positivo en mi vida, dedico un momento prolongado a dar gracias: "Gracias, Señor, por esta área en la que he crecido". "Gracias por sanar esta herida". "Gracias por concederme la gracia de seguir avanzando". "Gracias por dejarme sentir más confianza en mí mismo".

7. Pido a Dios que me muestre lo que estoy llamado a hacer respecto a ese cambio. ¿Debo "alimentar el cambio", y trabajar para crecer más en esa dirección? ¿Debo "cambiar el cambio", y trabajar para alterar su curso —corrigiendo mi actitud, cambiando de conducta, etc.—? ¿Hay alguien, como pueden ser mi cónyuge o mi director espiritual, con quien deba hablar de este cambio? ¿Qué estoy llamado a hacer? ¿*Quién* estoy llamado a ser?

8. Si me siento llamado a ello, prometo a Dios hacer lo que estoy llamado a hacer y ser quien estoy llamado a ser en esta área de mi vida.

9. Termino como de costumbre.

Examen 8

¿Estoy preparado para morir hoy?

1. Comienzo como de costumbre.[8]

2. Paso unos momentos en gratitud, dando gracias a Dios por una o dos de las bendiciones, grandes o pequeñas, que haya recibido hoy.

3. Pido a Dios que me ayude a explorar la pregunta "*¿Estoy preparado para morir hoy?*". Sabiendo que Dios es todo amor y que desea que yo esté con él en la eternidad, ¿estoy preparado para reunirme con él en el cielo?

4. Si supiera que iba a morir en las veinticuatro horas siguientes, ¿qué querría hacer con mi último día a fin de estar preparado? ¿Qué haría falta para que yo hiciera o dijera las cosas que me prepararan para la muerte? ¿Qué *gracias* querría o necesitaría recibir de Dios?

5. Ahora, voy desglosando un poco más estas ideas. *Visualizo en mi oración* que digo y hago esas mismas cosas que me prepararían para morir. Veo con la mente una pequeña película en la que vivo las cosas concretas que he decidido hacer. ¿Qué pasaría en esa película? ¿Cuáles serían los primeros pasos que daría a fin de prepararme para la muerte? Pido a Dios las gracias necesarias para hacerlos realidad.

---

8. Este Examen se basa en una idea original de Michael Schonhoff.

6. Si me siento llamado a ello, le prometo a Dios decir o hacer en las próximas veinticuatro horas algo específico y concreto que me prepare para la vida eterna.

7. Termino como de costumbre.

Una herida interior

Si somos sinceros, en cualquier momento dado es probable que podamos identificar una o dos heridas en nuestro interior. Esta herida es un daño emocional en el corazón, el espíritu o el alma causado por algún suceso doloroso. Puede que te haya insultado alguien, que te hayas sentido rechazado, te hayan despedido del trabajo, o que no te hayan apreciado. Este Examen nos guía en la oración a propósito de esas heridas.

Lee el Examen rápidamente antes de empezarlo. Ten en cuenta que este Examen es particularmente exigente. Si no estás en la situación adecuada (por ejemplo, si tienes un mal día o estás haciendo el Examen en un sitio público o últimamente andas decaído y temes que esto lo empeore), puede que prefieras saltártelo hasta un día que estés más preparado.

1. Comienzo como de costumbre.

2. Paso unos momentos en gratitud, dando gracias a Dios por una o dos de las bendiciones, grandes o pequeñas, que haya recibido hoy.

3. Pido a Dios que me muestre una herida que haya en mi corazón en este momento. Esta herida hace que me sienta dolido, asustado, enfadado, resentido o arrepentido. Dejo que Dios me lleve a ese lugar difícil de mi alma. Quizá me vea a mí mismo recordando con dolor —pero

también en oración— los momentos que han creado esta herida. Me detengo valientemente en medio de este difícil momento. Tal vez pido a Jesús que me tome de la mano mientras revivo en oración las peores partes.

4. Pido a Dios que me muestre la emoción más intensa que experimento en este preciso momento en que repaso esa experiencia dolorosa. En voz alta, le digo a Dios cómo me siento. Digo: "Dios, estoy furioso (o triste, o apenado, o desorientado)". Me mantengo con Dios y con estos sentimientos durante un momento.

5. Pido a Dios que me muestre cómo puede empeorar esta herida —haciéndose más grande o infectándose—. Si yo dejara que esta herida me alejara de la fe, la esperanza y el amor, ¿cómo me afectaría eso? En concreto, ¿de qué manera podría esta herida tentarme a comportarme mal? Pido a Dios que me ayude a evitar que suceda eso. Si necesito una *gracia* en particular que me ayude a evitar ese mal comportamiento, le pido a Dios esa gracia ahora.

6. Me quedo en silencio un momento, dando a Dios la oportunidad de hacer conmigo lo que él quiera en este instante. Tal vez en este momento de quietud Dios ponga, sin más, su mano cálida y paternal sobre mi cabeza. Quizá me diga algo. Quizá nos quedemos simplemente en silencio. Si parece que Dios no dice ni hace nada, no importa. Confío en que él sanará esta herida en el momento que él decida y a su manera.

7. Ahora, en mi oración, por un momento imagino el día que ya no me sienta herido por esto. ¿Cómo sería?

¿Cuáles podrían ser mis actitudes, perspectivas, pensamientos, sentimientos, palabras y acciones si yo fuera verdaderamente un alma que se ha recuperado? ¿Qué *gracia* necesitaría para empezar a sanar? Pido a Dios ahora esa gracia.

8. Pido a Dios que me muestre cómo él puede hacer que algo bueno surja de esta cosa dañina. ¿De qué modo puede esta herida volverme más fuerte, más amoroso, más humilde, más maduro espiritualmente? ¿De qué modo puede convertirme esta herida en un verdadero discípulo del amor de Dios? Pido a Dios que aproveche esta herida; que utilice esta experiencia mía para su mayor gloria.

9. Si me siento llamado a ello, tomo alguna resolución concreta para ser una persona de fe, esperanza y amor en medio de esta realidad dolorosa de mi vida. Confío en que Dios me acompañará en este camino siempre.

10. Termino como de costumbre.

Examen 10

Hábitos

Aristóteles dijo: "Somos lo que hacemos repetidamente. La excelencia, por tanto, no es un acto, sino un hábito". Aristóteles opinaba que la clave de una vida buena es desarrollar buenos hábitos. Los seres humanos somos, en buena medida, criaturas de costumbres. Dios nos hizo así para que no tuviéramos que contar exclusivamente con el buen juicio y con tomar buenas decisiones en cada situación que surge. Antes bien, podemos entrenar la mente, el cuerpo y el alma para hacer lo correcto de forma habitual y natural. Por desgracia, ¡con igual facilidad podemos caer en hábitos perjudiciales! El Examen de hoy nos anima a reflexionar sobre los hábitos.

1. Comienzo como de costumbre.

2. Paso unos momentos en gratitud, dando gracias a Dios por una o dos de las bendiciones, grandes o pequeñas, que haya recibido hoy: el buen humor con que me he despertado, una palabra amable de un amigo, mi inmerecida buena salud, el tráfico fluido, otro día con mi maravilloso cónyuge.

3. Repasando mi jornada, pido a Dios que me muestre algunos de mis hábitos. Intento ver uno de mis pensamientos o actos de hoy que sea realmente típico de mi forma de

pensar o actuar. Por ejemplo, puede que diga a Cristo: "Señor, al repasar el día veo que tengo el hábito de. . ."

- criticar y fastidiar a mis compañeros de trabajo
- mantenerme concentrado en el trabajo, una vez que he tomado una taza de café fuerte
- castigarme por las cosas más insignificantes
- perder el tiempo en internet
- saludar cálidamente a la gente según entra por la puerta

4. Suele ser más fácil ver los hábitos perjudiciales que los sanos. Cuando encuentro un hábito malo, hablo de ello con Dios. Puedo pedir a Dios perdón o sanación, y que me dé ideas para vencer el hábito.

5. Pero no quiero conformarme simplemente con mirar mis malos hábitos. No descansaré hasta que haya encontrado un par de buenos hábitos en mi jornada de hoy. Cuando los encuentre, daré gracias y alabaré a Dios. Le digo por qué estoy tan agradecido por este buen hábito.

6. Ahora, miro hacia el día de mañana. ¿Qué hábito malo quiero vencer? ¿Qué hábito bueno quiero cultivar? ¿Qué *gracias* pediré a Dios que me ayuden a vencer estos malos hábitos concretos y fomentar estos buenos hábitos en particular? Hablo de ello con Dios.

7. Termino como de costumbre.

Examen 11

Miedos, apegos, control, derechos que imaginamos tener

Este Examen se basa en las ideas de David Richo, quien observa que muchos de nuestros problemas tienen su origen en nuestros miedos, apegos, necesidad de control y derechos que imaginamos tener.

Lee rápidamente el Examen antes de empezarlo. Ten en cuenta que es especialmente exigente. Si no estás en la situación adecuada (por ejemplo, si tienes un mal día o estás haciendo el Examen en un sitio público o últimamente andas decaído y temes que esto lo empeore), puede que prefieras saltártelo hasta un día que estés más preparado.

1. Comienzo como de costumbre.

2. Paso unos momentos en gratitud, dando gracias a Dios por una o dos de las bendiciones, grandes o pequeñas, que haya recibido hoy.

3. Paso un poco más de tiempo pidiendo a Dios que me dé una ración doble de *gracia* para rezar este Examen especialmente difícil. Es difícil porque requiere que mire a algunas de las facetas más oscuras de mi personalidad. Pediré a Dios que me muestre cómo me han influenciado últimamente mis miedos, mis apegos, mi necesidad de control y esos derechos que imagino tener. Puedo caer

fácilmente en una de estas dos trampas: negar que tengo un problema o condenarme a mí mismo sin misericordia. Necesito esa ración doble de gracia para dejar que Dios tome la iniciativa de manera firme, pero con su amor incondicional.

4. Repasando el día, pido a Dios que me muestre qué **Miedos** predominaban en mi corazón. Intento ahondar y ver lo que *realmente* me da miedo (puede que no sea lo que esperaba, porque con frecuencia nuestros verdaderos miedos se ocultan por debajo del nivel consciente). Tan pronto como ponga nombre a ese miedo, tomo nota y avanzo al siguiente paso.

5. Repasando el día, pido a Dios que me muestre los **Apegos** a los que me he aferrado últimamente. Puede que esté demasiado apegado a una persona (obsesionado), a una idea (obstinado) o a una conducta (mal hábito). Presto especial atención a mi apego *emocional* a personas, ideas o conductas. Una vez identificado un apego en particular, tomo nota y avanzo al siguiente paso.

6. Repasando el día, pido a Dios que me muestre cualquier situación en la que esté intentando ejercer **Control** en exceso. Quizá intento controlar a personas, organizaciones o resultados. Es difícil admitir que soy controlador, por lo que pido a Dios el valor para hacerlo. Cuando encuentro mi obsesión particular por el control, la reconozco y avanzo al siguiente paso.

7. Repasando el día, pido a Dios que me muestre si tontamente me siento con **Derechos que imagino tener**. Por

ejemplo: "Hoy he trabajado duro; me merezco este pastel/este trago/este cigarro". O "Soy importante; tengo derecho a librarme de las tareas aburridas, del trabajo físico". O "Aquí soy yo la víctima. Tengo derecho a estallar con rabia, a poner mala cara, a mostrarme pasivo, a compadecerme de mí mismo". Si encuentro un derecho falso, lo nombro ante Dios y continúo.

8. Ahora, pongo ante Dios los cuatro descubrimientos que he hecho: un Miedo, un Apego, una necesidad de Control y un Derecho que imagino tener. Pido a Dios que me muestre cuál de los cuatro afecta con más intensidad a mi vida ahora mismo. Me centro en él y dejo a un lado los otros tres. Pido a Dios que me ilumine. Pido perdón por las veces que he dejado que ese problema me domine.

9. Pido a Dios que me muestre cómo podría ser el día de *mañana* si actuara estando libre de ese problema. ¿En qué se diferenciaría concretamente de los anteriores el día de mañana si no me dejo dominar por ese problema? ¿En qué sentido serían distintas mis emociones, pensamientos, palabras y acciones?

10. Entrego el problema a Dios. Digo: "Señor, hoy quiero entregarte mi ____. Te ruego que tomes la iniciativa y seas tú el Señor de mi vida, en vez de dejar que lo sea este problema". Pido a Dios que me ayude a vivir mi vida en la libertad de su misericordia.

11. Termino como de costumbre.

Examen 12

¿En quién he visto hoy el rostro de Dios?

1. Comienzo como de costumbre.

2. Paso unos momentos en gratitud, dando gracias a Dios por una o dos de las bendiciones, grandes o pequeñas, que haya recibido hoy.

3. Repaso la jornada transcurrida y le pregunto a Dios: "¿En quién he visto hoy tu rostro? ¿En qué momento has llegado a mí a través de las palabras o las acciones de otra persona?". Saboreo ese momento. Doy gracias y alabo a Dios por el don que es tener a esa persona en mi vida.

4. Estudio de nuevo la jornada y le pregunto a Dios: "¿En qué persona no he sido capaz de encontrar tu presencia? ¿A qué persona he juzgado de ser carente de bondad?". Revivo ese momento difícil con la mente, diciéndole a Dios por qué ha sido tan difícil para mí. Le digo lo que me brote del corazón. Pido sabiduría. Ruego su perdón. Pido la sanación. Pregunto de qué manera se ocultaba Dios en esa persona y cómo puedo invocar esa Presencia la próxima vez que me encuentre con esa persona.

5. Estudio de nuevo la jornada y pregunto a Dios: "Entre las personas con las que me he encontrado hoy, ¿había alguna que necesitó que *yo* fuera tus manos, tus pies, tu voz, o tu presencia? ¿He logrado manifestarle tu presencia

a esa persona?". Intento identificar a alguna persona para quien yo no haya sido la presencia de Dios. Pido sabiduría, perdón, sanación. Después intento descubrir alguna persona para la que sí haya logrado ser presencia de Dios. Saboreo ese momento, dando gracias por él.

6. Pido a Dios que me muestre a una persona que pueda necesitar de verdad que yo sea la presencia de Dios la próxima vez que me encuentre con ella. *Visualizo en mi oración* ese momento; es decir, trato de ver con mi *imaginación orante*[9] cómo se pueden desarrollar las cosas si mañana o pasado mañana soy realmente capaz de ser manifestación de la presencia de Dios para esa persona. Trato de identificar la *gracia* que necesitaría para que sucediera eso. Le pido a Dios esa gracia ahora.

7. Si me siento llamado a hacerlo, le prometo a Dios hacer algo concreto basado en lo que he rezado durante este Examen.

8. Termino como de costumbre.

---

9. Acerca de la imaginación orante, ver la sección "Términos ignacianos importantes" al final del libro.

Examen 13

Pensamientos, palabras, obras

1. Comienzo como de costumbre.

2. Paso unos momentos en gratitud, dando gracias a Dios por una o dos de las bendiciones, grandes o pequeñas, que haya recibido hoy.

3. Pido a Dios que me revele mis **pensamientos** de este día. ¿Cuáles han sido mis pensamientos más intensos? ¿Qué firmes convicciones he sostenido? ¿Qué actitudes he adoptado? ¿Qué suposiciones he hecho? ¿Qué percepción he tenido de mí mismo, de mi situación, de la gente, los lugares y los acontecimientos del día? ¿A qué conclusiones he llegado?

4. Cuando encuentro un pensamiento intenso e influyente que haya tenido hoy, me detengo en él un momento. ¿Cuál ha sido la fuente de ese pensamiento? ¿Ha venido de un lugar de *libertad espiritual* o todo lo contrario? ¿Me ha conducido a tener más libertad espiritual o menos? ¿Me ha conducido a tener más fe, esperanza y amor o a tener menos fe, esperanza y amor?

5. Doy gracias por los pensamientos procedentes del verdadero Espíritu, y pido perdón si he dejado que la falta de libertad en mi interior influyera en mis pensamientos.

6. Repito los pasos 3 a 5, esta vez repasando mis **palabras**. Pido a Dios que me muestre las palabras más intensas o más importantes que he dicho hoy. Busco la fuente de mis palabras. Doy gracias o pido perdón, según sea el caso.

7. Repito los pasos 3 a 5, esta vez repasando mis **obras**. ¿Qué actos de amor y bondad he realizado hoy? ¿Qué hice que no mostró amor ni fue de beneficio? ¿Qué motivó mis actos? Doy gracias o pido perdón donde sea necesario.

8. Ahora, miro hacia el día de mañana. ¿Qué *pensamientos* y actitudes *deseo* tener mañana con respecto a mí mismo, con respecto a la gente que me rodea y con respecto a las situaciones que me encuentre? ¿Qué deseo *decir* mañana a las personas concretas con las que probablemente me encontraré? ¿Qué deseo *hacer* mañana? ¿Qué actos de amor estoy llamado a realizar? Estoy atento a la voz de Dios.

9. Tomo alguna resolución concreta basada en lo que ha surgido en este tiempo de oración.

10. Termino como de costumbre.

Examen 14

Mis emociones

1. Comienzo como de costumbre.

2. Paso unos momentos en gratitud, dando gracias a Dios por una o dos de las bendiciones, grandes o pequeñas, que haya recibido hoy.

3. En lugar de repasar el día hora por hora, le pido a Dios que repasemos mi jornada emoción por emoción. Dios y yo miramos y observamos cómo progresa mi estado emocional a lo largo del día. ¿Cómo me encontraba esta mañana al despertar? ¿Y mientras me duchaba, desayunaba y me vestía? ¿Cómo me encontraba al empezar las tareas del día? ¿Y según avanzaba la mañana? Etcétera. Paso deprisa por las emociones pasajeras, pero me detengo en las de más peso o las que no he notado antes. También hablo con Dios según perciba cambios en mis emociones a lo largo del día.

4. Hablo con Dios de las emociones más intensas del día. ¿Procedían del espíritu bueno, es decir, de la parte de mí que se está acercando a Dios y profundizando en la fe, la esperanza y el amor? ¿Eran del espíritu falso, es decir, del espíritu en mi interior que está atascado en pensamientos, deseos, obsesiones o antojos mundanos?

5. Elijo la emoción más intensa del día y hablo con Dios del modo en que he respondido a esa emoción según avanzaba el día. Reviso la influencia que esa emoción ha tenido en mí. ¿Reconocía siquiera la emoción mientras la experimentaba, o no era consciente de ella? ¿He elegido conscientemente cómo responder a esta emoción o he permitido que la emoción determinara mi pensamiento, mis palabras y mis actos a lo largo del día? Hablo de ello con Dios, dándole gracias por los momentos en que mi respuesta ha estado en sintonía con mi vocación como cristiano y pidiéndole perdón y sanación por los momentos en que no ha sido así.

6. Sabiendo que solo tengo un control parcial de mis emociones, reflexiono sobre las emociones que quiero tener mañana. Si solo pudiera elegir una, ¿cuál sería: alegría, paz, bondad, valor, gratitud? Elijo una de ellas y me imagino viviendo mañana con esa emoción como compañera. Pido a Dios que me otorgue la *gracia* de ser receptivo a esa emoción mañana y de emplearla bien si aparece.

7. Termino como de costumbre.

Examen 15

Gratitud

San Ignacio creía que la gratitud es una de las virtudes más importantes. De hecho, creía que la ingratitud es la raíz de todo pecado. Y tiene sentido: el pecado es, en esencia, el mal uso de los dones que Dios nos ha dado. Si estamos realmente agradecidos por el don, seguro que no lo usaremos mal conscientemente.

Este Examen en particular te hace dedicar todo el tiempo a nombrar las bendiciones de tu vida y dar gracias a Dios por cada una de ellas. Cualquier momento es bueno para alabar y dar gracias a Dios, pero te recomiendo este Examen especialmente para cuando te sientas deprimido o estés pasando un mal día o siendo demasiado autocrítico.

1. Comienzo como de costumbre.

2. Pido a Dios que me revele, especialmente hoy, todas las bendiciones de mi vida: las verdaderamente grandes y las pequeñas también.

3. Me pregunto: "¿Qué es aquello por lo que estoy más agradecido hoy? ¿Qué me llena de alegría y gratitud?". Normalmente, surgirá de inmediato una persona, un lugar, un acontecimiento o una cosa. Nombro ese don ante Dios: "Señor, te estoy muy agradecido por el don de _____". Repito esto una y otra vez durante un momento, dejando que la gratitud penetre dentro de mí.

4. Saboreo un rato ese don. Si lo que más agradezco es tener
a mi hermana, por ejemplo, pongo su rostro encantador
ante los ojos de mi mente. Veo su sonrisa; observo uno de
esos gestos o expresiones suyas que siempre me hacen gracia o me animan el corazón. Y me detengo ahí sin más,
lleno de amor, diciendo una y otra vez: "Gracias, Señor".
No hace falta que sea una persona, puedo estar agradecido también por un objeto o una organización. Puedo
sentir gratitud por tener una casa cálida y acogedora, y
por la comodidad que me proporciona todos los días
cuando vuelvo a ella. Puedo estar agradecido por mi
comunidad parroquial o por la empresa donde trabajo.
Quizá lo que más agradezca sea algo que haya pasado
últimamente. Por ejemplo, puede que me sienta agradecido porque alguien que suele ser descortés ha mostrado
una buena disposición hacia mí. Tal vez esté agradecido
por un aumento de sueldo, un informe favorable de mis
colegas o una buena nota en un examen. Sea lo que sea,
saboreo este don poniéndolo ante mí en mi *imaginación
orante*. Dejo que broten y rebosen en mi interior los buenos sentimientos, diciendo una y otra vez en mi corazón:
"Gracias, Señor".

5. Ahora, con más ligereza, veo pasar por mi imaginación
un largo y bullicioso desfile de dones y doy gracias a Dios
por cada uno. Uno por uno, en orden caótico y aleatorio,
flotan ante los ojos de mi mente los dones grandes y
pequeños de mi vida: mi salud —"Gracias, Señor"—; mis
parientes (¡incluidos los difíciles!) —"Gracias, Señor"—;
mi talento para hacer reír a la gente —"Gracias,

Señor"—; la cena exótica que preparé con éxito anoche
—"Gracias, Señor"—. Y así sucesivamente; ¡un desfile de
acción de gracias como para rivalizar con el de Macy's en
Nueva York!

6. Termino como de costumbre.

¿Aferrarse, escapar o un término medio?

1. Comienzo como de costumbre.

2. Paso unos momentos en gratitud, dando gracias a Dios por una o dos de las bendiciones, grandes o pequeñas, que haya recibido hoy.

3. Descansando en la presencia de Dios, examino el día que acaba de pasar, buscando alguna persona, lugar, cosa o actividad a la que me **aferre** demasiado. ¿A quién o a qué estoy demasiado apegado o soy demasiado adicto?, ¿de quién o de qué tengo demasiada dependencia? No me conformo con el primer ejemplo que encuentro. Profundizo más, tratando de encontrar dos o tres respuestas a esta pregunta. Cuando doy con la más importante, dedico un momento a hablar de ello con Dios. Le pido a Dios consejo, perdón o sanación.

4. Con Dios, vuelvo a mi repaso del día, esta vez en busca de alguna persona, lugar, cosa o actividad de la que esté tratando de **escapar**. ¿A quién o qué estoy ignorando a propósito, resistiendo, empujando fuera de mi vida?, ¿de quién o de qué estoy huyendo? De nuevo, me aplico con diligencia a esta búsqueda hasta encontrar no una, sino dos o tres respuestas. Entonces, hablo con Dios de la más importante. Le pido a Dios consejo, perdón y sanación

otra vez. Escucho con tranquilidad, esperando la respuesta de Dios.

5. Con Dios, vuelvo por tercera vez a mi jornada, ahora buscando alguna persona, lugar, cosa o actividad con la que mi relación esté en un **término medio**. ¿Qué don de Dios estoy usando justamente como Dios quiere que lo haga? Por ejemplo: "Mi matrimonio está funcionando bien últimamente, ¡gracias!". O "Me gusta mi trabajo, pero hoy no he dejado que me impidiera entrenar al equipo de fútbol de mi hijo. Gracias, Señor". En otras palabras, ¿qué me ha ido bien hoy y a qué persona, lugar, cosa o actividad debo agradecérselo? Alabo al Creador de todos los dones.

6. Por último, repaso este tiempo de oración. ¿Qué momento ha sido el más esclarecedor o conmovedor? Vuelvo a ese momento y hablo de él con Dios por segunda vez. Me detengo un rato en este importante punto. Ahora, miro hacia mañana. Con lo que he experimentado en este Examen, ¿me siento llamado a hacer algún cambio en mis pensamientos, palabras o acciones? De ser así, me comprometo a hacerlo. Le pido a Dios ayuda para hacer lo que he decidido.

7. Termino como de costumbre.

Alabanza, reverencia, servicio

El hombre es creado para alabar, hacer reverencia y servir a Dios nuestro Señor, y mediante esto salvar su alma; y las otras cosas sobre la faz de la tierra son creadas para el hombre y para que le ayuden a conseguir el fin para el que es creado. De donde se sigue que el hombre tanto ha de usar de ellas cuanto le ayuden para su fin, y tanto debe privarse de ellas cuanto para ello le impiden.

—San Ignacio de Loyola, *Principio y Fundamento*

1. Comienzo como de costumbre.

2. Ahora, paso un rato en **alabanza**. Empiezo despacio, diciendo en silencio a Dios: "Te alabo, Señor. . . Te alabo, Señor. . . Te alabo, Señor".

3. Después paso a alabar a Dios por los dones que me ha regalado este mismo día: "Te alabo por el don de mi familia. . . Te alabo por el don de mi trabajo. . . Te alabo por mi *deseo* de servirte".

4. Luego paso a alabar a Dios por aquellos atributos suyos que han aparecido en este día: "Te alabo por tu misericordia, por perdonarme hoy cuando he _____. Te alabo por tu bondad para conmigo hoy, cuando estaba deprimido y tú has estado presente de la manera que necesitaba y justo cuando lo necesitaba. Te alabo por tu providencia,

cuando todo ha salido bien durante nuestra pequeña crisis de esta mañana".

5. Ahora paso un rato en **reverencia**. Reconozco que Dios es más grande que todas las cosas, incluidas las que hoy me parecen tan grandes. Por ejemplo, "Tú, Dios, eres más grande que mi carrera. Tú, Dios, eres más grande que mi preocupación de hoy por _____. Tú, Dios, eres más grande que mi fracaso de hoy en _____ o mi éxito de hoy en _____. Tú, Dios, eres más grande que mi amor por _____ hoy. Tú, Dios, eres más grande que mi antojo de hoy por _____".

6. Ahora dedico un momento a mi compromiso al **servicio cristiano**. Contemplo a las personas, los lugares, las tareas y los eventos de mañana y rezo: "Señor, ayúdame a servirte amando bien a _____. Ayúdame a servirte trabajando con ahínco en _____. Ayúdame a servirte con mi talento para _____. Ayúdame a servirte con mi fidelidad a _____. Ayúdame a servirte tratando a _____ con _____".

7. Termino como de costumbre.

Dios, los demás, yo mismo

1. Comienzo como de costumbre.

2. Paso unos momentos en actitud de agradecimiento, dando gracias a Dios por algunas de las bendiciones, grandes o pequeñas, que haya recibido hoy.

3. Reflexiono sobre mi **relación con Dios**. Hablo de ello con Dios. ¿Qué tal va nuestra relación? ¿Nos llevamos bien? Ahora mismo, ¿me siento cercano a Dios o distante de él? ¿He pasado tiempo con Dios o he sido negligente? ¿Tengo la sensación de que Dios está muy cerca de mí cuando lo llamo? ¿Estoy aburrido de Dios? Cuando contemplo el "rostro" de Dios, ¿siento alegría?, ¿gratitud?, ¿vergüenza?, ¿miedo? Hablo con Dios de nuestra relación. Le pido que me revele su punto de vista sobre ella.

4. Hablo con Dios de mi **relación con los demás** en este momento. ¿Cuál ha sido últimamente mi actitud cuando he estado con otros? ¿He estado gruñón? ¿Amable? ¿Pasivo? ¿Positivo? ¿Hay una relación en particular que haya sido especialmente buena o amarga? Hablo de esto con Dios. Le pido que me muestre su punto de vista al respecto.

5. Hablo con Dios de cómo ha ido últimamente mi **relación conmigo mismo**. ¿Me gusto hoy en día? ¿Estoy

orgulloso de mí mismo? ¿Enfadado conmigo mismo? ¿Soy tierno; soy duro conmigo mismo? ¿Qué factores de mi vida me han conducido a adoptar estas actitudes y conductas para conmigo mismo? Hablo de esto con Dios. Le pido su opinión sobre ello.

6. Ahora, repaso las tres reflexiones anteriores: relación con Dios, relación con los demás, relación conmigo mismo. ¿Cuál de los tres momentos me ha resultado más intenso mientras reflexionaba sobre ellas? ¿En cuál de estos momentos he sentido la respuesta emocional más profunda mientras reflexionaba sobre la relación? Vuelvo a revisar esa sola relación, pidiendo perdón a Dios, dándole gracias, rogándole que me dé alguna inspiración para ayudarme a progresar en esa relación o que me revele alguna verdad de esa relación que hasta ahora no he notado o admitido.

7. Le pregunto a Dios: "¿Qué te gustaría que hiciera con esta relación a medida que avanzo? ¿Qué cambios graduales podría emprender? ¿Qué aspectos de la relación podría cultivar? ¿Qué aspectos podría abandonar o incluso suprimir?".

8. Le pregunto a Dios: "¿Qué puedo hacer mañana en concreto con respecto a esta relación?".

9. Si es apropiado, le hago a Dios una promesa relativa a cómo voy a proceder en el futuro en esta relación. Le pido ayuda para cumplir esa promesa.

10. Termino como de costumbre.

Examen 19

¿Qué ha sido agotador?
¿Qué ha sido vivificante?

1. Comienzo como de costumbre.[10]

2. Paso unos momentos en gratitud, dando gracias a Dios por una o dos de las bendiciones, grandes o pequeñas, que haya recibido hoy.

3. Repasando el día, pido a Dios que me revele el momento más agotador. En mi *imaginación*, Dios y yo volvemos a ese momento agotador y yo lo revivo, esta vez con Dios a mi lado. Me dejo empapar por ese momento, y particularmente por lo más difícil de él. Me permito sentir las emociones intensas, apatía, desesperanza o cualquier otro sentimiento que haya en mí. Presento a Dios ese momento agotador y le hablo especialmente de lo que pasaba en mi corazón y mi alma en ese momento. Si llevé bien el momento, doy gracias a Dios por ello. Si lo llevé mal, pido perdón y paz.

4. Le pido a Dios que me hable de ese momento. Permanezco receptivo a lo que Dios diga o haga.

5. Revisando el día por segunda vez, pido a Dios que me revele el momento más vivificante del día. Vuelvo de nuevo con Dios a ese momento, reviviendo tanto los

---

10. Este Examen se basa en una idea original de Dianne Hanley.

48

acontecimientos externos como mis actitudes internas. Rebosante de alegría, gratitud y alivio, se lo entrego todo a Dios. Hablo de ello con él, asegurándome de expresar mis pensamientos y sentimientos y dejando que Dios me hable libremente.

6. Ahora, miro hacia el día de mañana. ¿Qué momento de mañana puede que sea agotador? (La mayoría de las veces, todos solemos saber cuál va a ser). Hablo de ello con Dios. Le cuento cómo me siento respecto a esa posibilidad; le pido que me enseñe a prepararme espiritualmente para ese momento que puede ser agotador. Le pido que me libre de contribuir a empeorar la situación por haber supuesto lo peor. Admito la posibilidad de que todo salga bien. Pido la virtud de la esperanza.

7. Miro hacia mañana por segunda y última vez. ¿Cuál podría ser el momento más vivificante? Me permito ilusionarme con ese momento. Me dejo llenar de *deseos* buenos y saludables relacionados con él. Se lo cuento a Dios. Dejo que suceda lo que suceda. Pido a Dios que me ayude a prepararme espiritualmente para el caso de que no sea como yo esperaba. Le pido a Dios la capacidad de decir "Eso también estaría bien".

8. Termino como de costumbre.

Un discernimiento

1. Comienzo como de costumbre.

2. Paso unos momentos en gratitud, dando gracias a Dios por una o dos de las bendiciones, grandes o pequeñas, que haya recibido hoy.

3. Le pido a Dios que me revele alguna decisión que necesito tomar. Puede ser una decisión pequeña que voy a tomar en breve: por ejemplo, cómo tratar una situación delicada; aceptar o no una invitación; qué decir a alguien que me pide consejo. O puede ser una decisión con efectos a largo plazo: elegir una carrera; emprender un cambio significativo en una relación; asumir un compromiso importante. Pido a Dios que me muestre las opciones.

4. Le pido que me muestre cómo han afectado a mi vida en el pasado reciente los factores relacionados con esa decisión. Le pido que me muestre si el inclinarme en una dirección u otra ha conducido a que haya más fe, esperanza y amor en mi vida. ¿Me ha conducido más cerca de Dios una de esas direcciones? ¿Me ha conducido, aparentemente, una de esas direcciones a una paz que solo puede venir de Dios?

5. Pido a Dios que me revele de qué modo puede afectar esta decisión a las personas implicadas. ¿Las ayudará o las

lastimará? Si va a lastimarlas, ¿traerá la decisión algún beneficio más elevado que compense el dolor?

6. Pido a Dios que me muestre mis propias emociones acerca de esa decisión, y en particular cualquier emoción que yo no haya admitido aún. Le pido que me revele la fuente de cada emoción intensa. ¿Viene de un espíritu bueno interior o de uno malo? En otras palabras, ¿viene esta emoción de la parte de mí que está en sintonía con Dios o de la parte de mí que rehúye a Dios o se opone a él?

7. Le entrego todo este asunto a Dios, diciendo: "Hágase tu voluntad, Señor". Le pido que me conceda ahora el sentirme en paz sobre la decisión. Le pido que me lleve a ese sitio de mi corazón que está más allá de mis emociones para que pueda ver la situación desde un punto de vista más objetivo.

8. Si me siento llamado a tomar una decisión ahora, pongo esta situación ante Dios y le pido que, aunque sea errónea, haga que de ella salga algo bueno. Si estoy llamado a seguir discerniendo un rato más, pido a Dios paciencia para permanecer en quietud y esperar su llamada. Si es una decisión importante, observo la dirección en la que Dios parece llevarme en este momento y si parece ser ese el camino hacia el que Dios ha estado impulsándome últimamente.

9. Cierro este Examen como de costumbre, o tal vez susurrando varias veces: "Hágase tu voluntad, Señor. . . Hágase tu voluntad, Señor. . . Hágase tu voluntad, Señor".

Examen 21

Lo que yo haya hecho a los más pequeños. . .

Les aseguro que lo que hayan hecho a uno solo de éstos, mis hermanos menores, me lo hicieron a mí.

—Mateo 25:40

1. Comienzo como de costumbre.

2. Paso unos momentos en gratitud, dando gracias a Dios por una o dos de las bendiciones, grandes o pequeñas, que haya recibido hoy.

3. Pregunto a Dios: "De las personas con las que me he encontrado hoy, ¿quién era la más marginada, la más débil y frágil, aquella con la que más difícil me resulta estar?". Con la imaginación, revivo el momento en que me he encontrado con esa persona.

4. Hablo con Dios de mis observaciones. Le cuento mis pensamientos, palabras y acciones relacionados con esa persona. Le pido perdón a Dios por todos los pensamientos, palabras o acciones desagradables o insensibles. Doy gracias a Dios por los momentos en los que me parece que he mantenido la actitud correcta.

5. Le pregunto a Dios: "¿Qué ves tú cuando miras a esa persona? ¿Qué me dices de esa persona?".

6. Le pregunto a Dios: "¿Qué estoy llamado a hacer por esa persona? ¿Qué estoy llamado a *ser* para esa persona?".

7. Concreto y especifico más: "Dios, si estoy llamado a hacer o decir algo *mañana* en favor de esa persona, ¿qué es?". Pido a Dios que me dé la capacidad de hacer o decir eso.

8. Si me siento llamado a ello, tomo alguna resolución.

9. Termino como de costumbre.

Repulsiones, inspiraciones, deseos

1. Comienzo como de costumbre.

2. Paso unos momentos en gratitud, dando gracias a Dios por una o dos de las bendiciones, grandes o pequeñas, que haya recibido hoy.

3. Mirando hacia atrás, pido a Dios que me muestre los momentos del día en los que he sentido **repulsión** por alguien o algo. Sentir repulsión significa sentir el impulso incontrolable de rechazar o rehuir a una persona o cosa. ¿Cuándo ha pasado eso hoy? ¿Con qué persona me he encontrado que me ha hecho sentir asco, miedo, ira, desprecio? ¿Ha habido algún incidente, tarea, lugar, conversación o cosa que me ha hecho desear huir o responder de manera violenta? Hablo de ello con Dios. Le pido perdón, consejo y sanación.

4. Repaso la jornada por segunda vez, pidiendo a Dios que me revele los momentos en que me he sentido **inspirado** a hacer algo bueno o a ser generoso. ¿Me he encontrado hoy con alguien que me ha inspirado? ¿Ha pasado hoy algo que me haya llenado de una pasión y un calor buenos y santos? ¿He visto, oído o experimentado algo que me haya hecho sentir así? Hablo de esto con Dios. Le doy gracias y lo alabo por ese momento.

5. Repaso la jornada una última vez, pidiendo a Dios que
   me ayude a recordar los momentos en que me he sentido
   lleno de **grandes deseos**. Por grandes deseos entiendo los
   deseos de hacer cosas buenas y santas y de ser bueno y
   santo. Son grandes deseos los que Dios siembra en mi
   corazón; son, básicamente, los deseos de fe, esperanza y
   amor. ¿Ha habido hoy algún momento en el que haya
   sentido tales deseos, aun cuando no fuera plenamente
   consciente de ello? ¿Ha habido algún momento en el que
   haya pensado en el futuro con sueños sanos y llenos de
   amor? ¿Ha habido un momento en el que haya soñado
   con un futuro para mí colmado de la presencia de Dios y
   lleno de fe, esperanza y amor? Hablo de ello con Dios.
   Doy gracias y alabo a Dios por ese momento. Le pregunto si ese momento procedía realmente de él, y hago
   una pausa en silencio para escuchar su respuesta. Permanezco abierto y receptivo a la respuesta de Dios, sea
   cual sea.

6. Ahora repaso mi tiempo de oración y estas tres reflexiones
   sobre las repulsiones, las inspiraciones y los deseos. De las
   tres reflexiones, ¿cuál me ha iluminado o conmovido
   más? Vuelvo a ese momento y me detengo ahí un rato.
   ¿Cuál es la principal emoción que siento al reflexionar
   sobre ello? Le cuento a Dios cómo me siento ahora
   mismo y permanezco atento a su respuesta. Hablo de ello
   con Dios o tal vez, simplemente, estamos ahí, en la dicha
   de este momento sagrado.

7. A la luz de mi reflexión sobre el día de hoy, ahora miro
   hacia mañana. "¿Hay algo en concreto que me estés

llamando a hacer mañana, Señor?". "Dadas mis repulsiones, inspiraciones y deseos de hoy, *¿quién* estoy llamado a ser mañana?".

8. Si me siento impulsado a ello, me comprometo a algo con Dios para mañana. Le pido ayuda para cumplir mi promesa.

9. Termino como de costumbre.

Examen 23

Ases y doses

Este Examen te ayudará a reflexionar sobre la "mano de cartas" que te ha tocado; en otras palabras, tu conjunto exclusivo de dones y debilidades.

1. Comienzo como de costumbre.

2. Paso unos momentos en gratitud, dando gracias a Dios por una o dos de las bendiciones, grandes o pequeñas, que haya recibido hoy.

3. Reflexiono sobre esta jornada de una manera singular: imagino que mis pensamientos, palabras y acciones de este día son mi "mano" en una partida de póquer. En el póquer, los ases son las cartas de más valor y los doses las de menos. Mirando mi "mano" de rasgos personales buenos y no tan buenos que han aparecido hoy en mí, pregunto a Dios: "¿Cuáles son mis ases, Señor? ¿Mi inteligencia?, ¿mi paciencia?, ¿mi templanza?, ¿mi capacidad para escuchar?". Pido a Dios que me indique dos o tres de mis ases y de qué modo nos han sido útiles hoy a mí y a los demás mientras jugaba mi mano. Hablo de esto con Dios. Le doy gracias por los dones y aptitudes que he recibido.

4. Repaso la jornada de nuevo, preguntando a Dios: "¿Cuáles son mis doses, Señor? ¿Ser demasiado serio?,

¿impaciente?, ¿sensible?, ¿inquieto?, ¿ansioso?, ¿terco?, ¿pasivo?, ¿perezoso?, ¿hablar demasiado de mí mismo?, ¿el miedo a mis propias emociones?, ¿mi baja autoestima?, ¿estar obsesionado con el éxito o con mi reputación?". Pido a Dios que indique dos o tres de mis doses y de qué modo me han estorbado hoy. Hablo de eso con él. Le pido que me ayude con esta difícil mano de cartas.

5. Ahora, miro hacia mañana. Dios y yo imaginamos cómo puede ir el día de mañana. Pienso en las personas a quienes veré, las tareas en las que trabajaré, etc. Le pido a Dios que me muestre cómo jugar mis cartas. ¿Cómo puedo emplear mis ases en bien de todos y minimizar el impacto de mis doses? Intento ser lo más concreto posible. Por ejemplo, "Puesto que yo soy impaciente y mi esposa no lo es, quizá yo pueda ocuparme de _____ y dejar que ella lidie con _____". O "Dado que tengo una baja autoestima, debo cuidar de no jugar esa carta (es decir, dejar que me venza) en esa presentación crucial que voy a dar mañana".

6. Si me siento llamado a hacerle a Dios alguna promesa en relación con los detalles de la jornada de mañana, la hago. Le pido que me ayude a cumplirla.

7. Termino como de costumbre.

¡Sorpresa!

1. Comienzo como de costumbre.

2. Paso unos momentos en gratitud, dando gracias a Dios por una o dos bendiciones, grandes o pequeñas, que haya recibido hoy.

3. Pido a Dios que me muestre una sorpresa negativa de este día pasado. Puede ser algo realmente grande, como haber perdido mi trabajo o haber ido al hospital. Puede ser algo pequeño, como tener un resfriado o haberme sentido ignorado por un amigo.

4. En mi imaginación, repaso los momentos del día a los que ha afectado esa sorpresa negativa, prestando especial atención tanto a mi respuesta interior (actitud/humor) como a mi respuesta exterior (palabras/acciones). Pido perdón a Dios por toda respuesta que no proviniera de su inspiración. Le doy gracias por todas las respuestas provenientes de él.

5. Pido a Dios que me muestre la sorpresa positiva más grande del día. Puede ser algo realmente grande, como haber aprobado un examen importante, o algo pequeño, como haberme "levantado con el pie derecho" o haber recibido un cumplido inesperado de un colega.

6. En mi *imaginación orante*, repaso el momento o los momentos del día a los que ha afectado esa sorpresa positiva, prestando especial atención tanto a mi respuesta interior (actitud/humor) como a mi respuesta exterior (palabras/acciones). Pido perdón a Dios por toda respuesta que no proviniera de su inspiración (la ingratitud, por ejemplo) y le doy gracias por las que sí provinieron de él.

7. Ahora, miro hacia mañana. Pido a Dios que me muestre una manera concreta de sorprender a alguien mañana. Podría ser algo grande, como regalar algo a una persona o pedir, por fin, disculpas por una equivocación que nunca haya admitido antes. O podría ser algo pequeño, como no ser tan gruñón con un compañero de trabajo que me irrita. Podría ser para alguien a quien ame, como mi cónyuge, o para alguien que me saque de mis casillas, como mi jefe.

8. Pido a Dios que me ayude a *desear* crear ese momento sorprendente. Intento suscitar en mi corazón la ilusión de hacerlo. Imagino el bien que derivará de ello.

9. Tomo, si me siento llamado a ello, la determinación de hacerlo y no echarme atrás.

10. Termino como de costumbre.

Gracias por. . . Perdóname por. . . Ayúdame con. . .

1. Comienzo como de costumbre.[11]

2. Me dirijo a Dios espontáneamente hablando de las cosas, personas y momentos por los que estoy más agradecido. Digo: "Gracias, Dios, por. . ." y simplemente dejo que mi mente se deje llevar de un don que haya en mi vida al siguiente, sin dirigir conscientemente mis pensamientos por un camino u otro. Observo lo que le dicen a Dios mi corazón y mi alma en este momento.

3. Después hablo con Dios de las cosas, personas y momentos por los que me siento mal. Digo: "Perdóname, Dios, por. . ." y me dejo llevar. Escucho atentamente lo que le dicen a Dios mi corazón y mi alma en este momento.

4. Por último, me dirijo a Dios hablando de las cosas, personas y momentos del futuro con los que necesitaré su ayuda. Pensando en el día de mañana, rezo "Dios, ayúdame con. . ." y me dejo llevar de nuevo. Atiendo a lo que le dicen a Dios mi corazón y mi alma en este momento.

5. Termino como de costumbre.

---

11. Este Examen se basa en una idea original de Matthew Linn, SJ.

Mi mayor temor

Estoy convencido de que el miedo desempeña en nuestras vidas un papel mucho mayor de lo que creemos o estamos dispuestos a admitir. Cada año, cuando me voy de retiro para rezar y descansar, me pregunto: "¿Cuál es mi mayor temor en este momento de la vida?". Esto siempre da pie a un fructífero diálogo con Dios.

El Examen de hoy nos invita a ir a ese lugar oscuro de nuestro corazón y nuestra mente y enfrentarnos audazmente a nuestros miedos. Para llegar al fondo de nuestros miedos hace falta algo de trabajo y valentía. A menudo, descubro que las raíces de mi miedo no están en absoluto donde lo habría esperado. Este trabajo espiritual puede resultar profundamente consolador al final, pero se necesita ser valiente; por eso te recomiendo que solo hagas este Examen si estás preparado. De no ser así, déjalo para otro momento.

1. Comienzo como de costumbre.

2. Paso unos momentos en gratitud, dando gracias a Dios por una o dos de las bendiciones, grandes o pequeñas, que haya recibido hoy.

3. Repaso el día y le pregunto a Dios: "¿En qué lugar de mis pensamientos, palabras, acciones u omisiones ha intervenido el miedo?". No me daré por satisfecho hasta encontrar una respuesta a esa pregunta. (Puede que se tarde un

rato). Una vez localizado un miedo, miro de nuevo para ver si Dios me está intentando mostrar uno o dos momentos más en los que ha intervenido el miedo. (Con frecuencia, la primera respuesta que nos viene no es la más importante).

4. Ya identificado el temor más importante, me centro en él. ¿De qué tengo miedo? Digo a Dios en voz alta: "Señor, tengo miedo de _____". ¿Qué tiene eso de temible exactamente? ¿Qué es lo que más asusta de ello? (Lo que trato de hacer aquí es llegar a los miedos profundos que hay debajo de los superficiales. Por ejemplo: "Tengo miedo de disgustar al jefe" puede llevarnos a: "Tengo miedo de que me despida", lo cual, a su vez, puede llevarnos a: "Tengo miedo de no poder mantener a mi familia" (¡ahora sí que vamos llegando al meollo!). Sigo ahondando cada vez más, intentando llegar a lo que *realmente* me da miedo. Lo conoceré cuando me deje sin aliento y me cueste decirlo en voz alta.

5. Reúno el valor para decírselo en voz alta a Dios. Y entonces lo digo una y otra vez hasta que se vuelva un poquito más fácil de decir. Hablo de ello con Dios y sigo abierto a lo que Dios pueda decir o hacer.

6. Planteo a Dios una pregunta importante: "Señor, este temor, ¿es realista o es irracional?". Por ejemplo, algunas personas descubren un miedo inconsciente a perder el trabajo o a que las abandone su cónyuge, cuando en todo momento su yo consciente y racional sabe que casi no hay ninguna probabilidad de que eso ocurra. En este caso, pido a Dios la capacidad de reconocer el miedo,

pero sin dejar que este controle mis pensamientos, palabras y acciones. En cambio, si el miedo es razonable (puede que sí me despidan pronto), pregunto a Dios: "¿Qué haríamos tú y yo entonces, Señor? ¿Cómo lo podríamos afrontar?". Si escucho atentamente y con paz en el corazón, muchas veces Dios intervendrá en este momento, consolándome al mostrarme que incluso el peor de los casos será manejable. Puede que Dios incluso me muestre cómo en un trance tan difícil pueden aflorar su buena voluntad y mi crecimiento. Algunos estudios han demostrado que la mayoría de las personas se recupera de los momentos más traumáticos en seis meses o menos. Y si esto vale para la población en general, ¡cuánto más tendrá que valer para quienes tienen una relación íntima con Dios!

7. Mirando hacia el día de mañana, pido a Dios una *gracia* o un don en particular que impida que ese temor me domine. Pido valentía, fortaleza, sosiego en la mente y el corazón, confianza en Dios y aceptación de lo que venga.

8. Termino como de costumbre.

Examen 27

"¿Quién dicen que soy yo?"

Estando él una vez orando a solas, se le acercaron los discípulos
y él los interrogó: "¿Quién dice la multitud que soy yo?".
Contestaron: "Unos que Juan el Bautista, otros que Elías,
otros dicen que ha surgido un profeta de los antiguos".
Les preguntó: "Y ustedes, ¿quién dicen que soy yo?".
Respondió Pedro: "Tú eres el Mesías de Dios".
—Lucas 9:18–20

1. Comienzo como de costumbre.

2. Paso unos momentos en gratitud, dando gracias a Dios
   por una o dos de las bendiciones, grandes o pequeñas,
   que haya recibido hoy.

3. Pienso en mi relación con Dios. Hablo con él de cómo va
   nuestra relación últimamente. ¿Nos llevamos bien? ¿Me
   siento ahora mismo cercano a Dios o distante de él? ¿He
   pasado tiempo con Dios o he sido negligente? ¿Siento que
   Dios está muy cerca de mí cuando lo llamo? ¿Estoy aburrido de Dios? Cuando contemplo el rostro de Dios,
   ¿siento alegría?, ¿gratitud?, ¿vergüenza?, ¿miedo? Hablo
   con Dios de nuestra relación. Le pido que me muestre
   cómo la ve él.

4. Leo, reflexionando, el pasaje bíblico en que Jesús pregunta a sus discípulos "¿Quién dicen que soy yo?". Miro
   en mi mente, con sosiego y paz, la "película" de cómo se

ha desarrollado la jornada de hoy. Según miro cada escena del día, me pregunto: "¿Dónde estaba Cristo en este momento? ¿Cómo llegó Cristo a mí en este momento?".

5. Después de examinar algunos detalles de la jornada, ahora tomo un poco de distancia y contemplo el conjunto. Me pregunto: "Dado todo lo que ha pasado hoy, ¿qué ha sido Cristo hoy para mí?" ¿Ha sido. . .

- maestro?
- amigo?
- consuelo?
- entrenador?
- espectador silencioso?
- cónyuge?
- salvador?
- padre?

6. Le digo a Cristo: "Señor, hoy para mí has sido _____".

7. Ahora pregunto: "Si tú, Señor, has sido _____, ¿qué soy yo en relación a ti?". Tal vez digo: "Señor, tú eras maestro y yo era tu alumno" o "Señor, tú eras mi consuelo y yo era un alma quebrantada que necesitaba de tu sanación". Hablo un rato con Dios del modo en que se ha desarrollado hoy nuestra relación.

8. Ahora, miro hacia mañana. ¿Cómo quiero o necesito que esté presente Cristo mañana? ¿Necesito que sea mi maestro, mi amigo, mi salvador? Le cuento lo que quiero o necesito de su presencia en mi vida mientras sigo adelante.

9. Termino como de costumbre.

Examen 28
Elige la vida

Porque el precepto que yo te mando hoy
no es cosa que te exceda ni inalcanzable;
no está en el cielo para que se diga:
¿Quién de nosotros subirá al cielo
y nos lo traerá y nos lo proclamará
para que lo cumplamos?;
ni está más allá del mar, para que se diga:
¿Quién de nosotros cruzará el mar
y nos lo traerá y nos lo proclamará
para que lo cumplamos?
El mandamiento está a tu alcance:
en tu corazón y en tu boca. Cúmplelo.

Mira: hoy pongo delante de ti la vida y la felicidad, la muerte y la desdicha. Si obedeces los mandatos del Señor, tu Dios, que yo te promulgo hoy, amando al Señor, tu Dios, siguiendo sus caminos, guardando sus preceptos, mandatos y decretos, vivirás y crecerás; el Señor tu Dios, te bendecirá en la tierra adonde vas a entrar para conquistarla. Pero si tu corazón se aparta y no obedeces, si te dejas arrastrar y te postras dando culto a dioses extranjeros, yo te anuncio hoy que morirás sin remedio, que después de pasar el Jordán y de entrar en la tierra para tomarla en posesión, no vivirás muchos años en ella.

Hoy tomo como testigos contra ustedes al cielo y a la tierra;
te pongo delante bendición y maldición. Elige la vida, y vivirás
tú y tu descendencia.
—Deuteronomio 30:11–19

1. Comienzo como de costumbre.

2. Paso unos momentos en gratitud, dando gracias a Dios por una o dos de las bendiciones, grandes o pequeñas, que haya recibido hoy.

3. Leo despacio y con espíritu de oración el pasaje bíblico de arriba. Repasando la jornada, me pregunto: "Hoy, ¿he elegido la vida o la muerte? Mi vida ¿tendía al bien o al mal?". No analizo ni examino las partes de mi jornada. Antes bien, miro el movimiento general del día. ¿Iba hacia la vida o hacia la muerte? Hablo de ello con Dios. Le doy gracias y le pido perdón o sanación, lo que mi corazón se sienta inspirado a decirle a Dios.

4. Ahora, imagino con espíritu de oración el día de mañana, preguntándome: "Si mañana eligiera la vida, ¿cómo sería el día? ¿Qué sensación *sentiría*?". Aquí tal vez concrete e imagine las cosas específicas que haré o diré y que mañana representarán para mí la vida (seré amable con el vecino; daré un paseo al final del día; besaré a mi cónyuge al llegar a casa). O quizá solo rece a propósito de mi disposición interior (elegiré vivir en paz en vez de en el enfado; elegiré no dejar que mis preocupaciones me dominen). Hablo con Dios de lo que significa elegir mañana la vida.

5. Si me siento llamado a ello, haré una promesa a Dios, pidiéndole que me ayude a ser fiel a esa promesa.

6. Termino como de costumbre.

Examen 29
Lugares, cosas, actividades

1. Comienzo como de costumbre.

2. Paso unos momentos en gratitud, dando gracias a Dios por una o dos de las bendiciones, grandes o pequeñas, que haya recibido hoy.

3. Repaso los **lugares** donde he estado hoy: mi casa, el trabajo, la tienda, el apartamento de un amigo, el parque. Entre todos los lugares donde he estado hoy, ¿por cuál estoy más agradecido? ¿Qué lugar me ayuda a estar más cerca de Dios y amar más a las demás personas? Doy gracias a Dios por ese lugar y le cuento lo mucho que significa para mí.

4. De todos los lugares donde he estado hoy, ¿cuál me parece problemático? ¿Hay algún lugar que no sea sano para mí (un centro comercial, un bar)? ¿Hay algún lugar al que esté demasiado apegado? Hablo de ello con Dios. Le pido perdón, consejo y sanación.

5. Repaso las **cosas** materiales de mi vida: carro, teléfono, computadora, ropa y complementos, comida y bebida. ¿Por cuál estoy más agradecido hoy? ¿Cuál me lleva a estar más cerca de Dios y a ser mejor cristiano? Doy gracias a Dios por esa bendición que hay en mi vida.

6. ¿Me impide alguna de esas cosas acercarme más a Dios o
    a los demás? ¿Me impulsa a pecar alguna de esas cosas?
    ¿Estoy demasiado apegado a alguna de ellas? ¿He conver-
    tido alguna en un dios? ¿Tengo demasiadas posesiones y
    me siento llamado a regalar algunas y vivir con más senci-
    llez? Hablo de ello con Dios. Le pido perdón, consejo y
    sanación.

7. De la misma manera, repaso las **actividades** del día: tra-
    bajar, comer, jugar con mis hijos, hacer ejercicio, ver la
    televisión, trabajar con esmero en una tarea, dormir,
    rezar. ¿Por cuál estoy más agradecido? ¿Qué actividades
    parecen más piadosas? ¿Cuál me acerca más a Dios y a los
    demás? ¿Cuál es una actividad especialmente buena y
    sana en mi vida? Hablo con Dios de esto, dando gracias.

8. ¿Es alguna de mis actividades poco sana, impura o inmo-
    ral? ¿Alguna de mis actividades me aleja de la fe, la espe-
    ranza y el amor? ¿Me aleja alguna de Dios? ¿Me he vuelto
    adicto a alguna de esas actividades? Hablo de ello con
    Dios. Le pido perdón, consejo y sanación.

9. Ahora repaso este tiempo de oración. ¿Qué momento ha
    sido el más iluminador o conmovedor (ya haya sido agra-
    dable o doloroso)? ¿Cuál ha sido mi oración en ese
    momento? Vuelvo a ese momento y me detengo en él,
    preguntándole a Dios si hay algo que él quisiera decir o
    hacer al respecto. Reflexionando sobre ese momento ins-
    pirado, pregunto a Dios: "¿Qué te gustaría, Señor, que
    hiciera yo mañana con respecto a ese lugar, cosa o
    actividad?".

10. Si es apropiado, le hago a Dios una promesa en relación con esta resolución y le pido que me ayude a cumplir tal promesa.

11. Termino como de costumbre.

Examen 30

Personas

En el Examen tradicional (Examen 1) rezo sobre mi jornada, momento a momento. El Examen 29 me hace repasar el día con espíritu de oración, no momento a momento, sino lugar a lugar, cosa a cosa, actividad a actividad. El presente Examen me hace rezar persona a persona, centrándome en el encuentro más importante del día.

1. Comienzo como de costumbre.

2. Paso unos momentos en gratitud, dando gracias a Dios por una o dos de las bendiciones, grandes o pequeñas, que haya recibido hoy.

3. Pido a Dios que me muestre las *personas* con quienes me he encontrado hoy. Pido a Dios que me revele qué encuentro ha sido el más importante. Por *más importante* entiendo la conversación que haya tenido el mayor efecto en mí y/o en la otra persona. Puede ser un encuentro negativo o uno positivo. Me centro en ese encuentro.

   - En ese encuentro específico, ¿era yo *libre espiritualmente* o estaba *falto de libertad*? ¿Qué ha hecho que me sintiera libre espiritualmente, o falto de libertad, con esa persona? ¿Qué relación hay entre el encuentro de hoy y otros encuentros anteriores con ella? Por lo general, con esa persona ¿soy

73

libre espiritualmente o no? ¿Qué conduce a esta libertad o falta de libertad espiritual?

- ¿Qué consecuencias ha tenido mi libertad o falta de libertad espiritual al estar con esa persona? Si yo era libre, ¿qué bien resultó de ello? Saboreo ese bien y alabo a Dios por él. Si no era libre, ¿qué mal resultó de ello? Me permito sentir el dolor de la situación y pido a Dios perdón y sanación.

4. Ahora, miro hacia el futuro. ¿Cuándo puedo encontrarme con esa persona otra vez? ¿Cuáles son mis grandes *deseos* respecto a mi relación con esa persona? Dejo que mis grandes deseos broten en mi interior. Pongo esos deseos en manos de Dios y le pido que los santifique. Pido a Dios que me muestre qué *gracia* o virtud me hace falta para ser la persona que quiero ser en esta relación. Pido esa gracia o virtud.

5. Si me siento llamado a ello, me propongo ser la clase de persona que me siento llamado a ser en las relaciones sobre las que he reflexionado en este Examen.

6. Termino como de costumbre.

Examen 31

¿Dónde estás? ¿Qué buscas?

[Adán y Eva] oyeron al Señor Dios que se paseaba por el jardín tomando el fresco. El hombre y su mujer se escondieron entre los árboles del jardín, para que el Señor Dios no los viera. Pero el Señor Dios llamó al hombre: "¿Dónde estás?"
—Génesis 3:8–9

Los discípulos, al oírlo [a Juan el Bautista] hablar así siguieron a Jesús. Jesús se volvió y, al ver que le seguían, les dice: "¿Qué buscan?"
—Juan 1:37–38

1. Comienzo como de costumbre.

2. Paso unos momentos en gratitud, dando gracias a Dios por una o dos de las bendiciones, grandes o pequeñas, que haya recibido hoy.

3. En mi corazón, oigo a Dios preguntarme: *"¿Dónde estás?"*. Me quedo un rato con esa pregunta antes de intentar siquiera contestar. Después empiezo por describirle a Dios, lo mejor que pueda, dónde estoy hoy —mental, física y, lo más importante, espiritualmente—. Comparto con Dios mis pensamientos y emociones más intensos. Procuro no juzgar esos pensamientos y emociones; solo los nombro y se los entrego a Dios.

4. Ahora, empleando la *imaginación orante*, hago lo siguiente:

- Pongo atención para escuchar cualquier cosa que el Señor pueda intentar contarme en este momento. Si no "oigo" nada, permanezco, sin más, descansando en presencia de Dios mientras presento mi respuesta a su pregunta: "¿Dónde estás?".
- Veo ante mí el rostro de Jesús, que me mira con amor. Le oigo preguntarme: *"¿Qué buscas?".* Me quedo un rato con esa pregunta antes de intentar contestar. Después empiezo a contestar a la pregunta del Señor con precisión. Le hablo de mis grandes *deseos* para mí mismo, para mi familia, mis amigos, mi trabajo, etc.
- Escucho para oír cualquier cosa que Jesús pueda intentar decirme en este momento. Si no "oigo" nada, me quedo, sin más, descansando en su presencia mientras presento mi respuesta a la pregunta que me hace: "¿Qué buscas?".

5. Termino como de costumbre.

Examen 32

Pasado, presente, futuro

1. Comienzo como de costumbre.

2. Paso unos momentos en gratitud, dando gracias a Dios por una o dos de las bendiciones, grandes o pequeñas, que haya recibido hoy.

3. Pido a Dios que me revele mi estado espiritual de este día **pasado**. ¿Cuáles han sido mis sentimientos más predominantes a lo largo del día? ¿Me encontraba *libre espiritualmente* o estaba *falto de libertad*? O quizá hubo momentos del día en los que fui libre y otros momentos en los que no lo fui. Pido a Dios que me muestre las consecuencias de mi libertad espiritual y de mi falta de libertad. Le doy gracias por lo bueno que he recibido hoy. Le pido perdón y sanación por los momentos dolorosos del día.

4. Pido a Dios que me revele mi estado espiritual en este momento **presente**. ¿Cuáles son mis pensamientos y emociones más intensos en este preciso momento? Entrego estos pensamientos y emociones a Dios y le pido que los santifique. En este instante, ¿soy libre espiritualmente o no? Doy gracias o pido sanación.

5. Ahora, miro hacia el **futuro**. ¿Qué actitudes y sentimientos es probable que tenga mañana? ¿Será mañana un

desafío vivir en la libertad de Dios? De ser así, ¿por qué y de qué modo será un desafío? ¿Cuál podría ser el momento más difícil? ¿Qué *gracia* o virtud (fuerza, paciencia, fortaleza, valor, fidelidad) puedo necesitar de parte de Dios para vivir en su libertad? Pido a Dios esa gracia.

6. Ahora, quizá la pregunta más importante sea: ¿cómo sería la jornada de mañana si yo fuera espiritualmente libre todo el día? Dejo que mi imaginación visualice un día así de maravilloso. Me permito experimentar grandes *deseos* al tiempo que me imagino a mí mismo recorriendo la jornada de mañana. Pido a Dios que me enseñe la manera de caminar a través de una jornada así.

7. Si me siento llamado a ello, tomo la decisión de ser la clase de persona que me siento llamado a ser. Decido esforzarme por vivir en libertad de una forma realista y concreta. Decido adoptar una determinada perspectiva en vez de otra; decir ciertas palabras en vez de otras; hacer tal cosa en vez de tal otra.

8. Termino como de costumbre.

Examen 33

La brecha del muro de la fortaleza

Antes de su conversión, san Ignacio combatió en una batalla para defender la fortaleza de Pamplona, en España. Más tarde, después de su conversión, utilizó esa experiencia para hablar de cómo el espíritu de la negatividad que hay dentro de todos nosotros intenta atacar nuestros puntos débiles.

> [El espíritu de la negatividad] se comporta como un caudillo para conquistar y robar lo que desea; porque así como un capitán y caudillo de un ejército en campaña, asentando su campamento y mirando las fuerzas o disposiciones de un castillo le combate por la parte más débil, de la misma manera el enemigo de la naturaleza humana, rodeando mira en torno todas nuestras virtudes teologales, cardinales y morales; y por donde nos halla más débiles y más necesitados para nuestra salvación eterna, por allí nos combate y procura tomarnos.
>
> —*Ejercicios Espirituales*, 327

Este Examen te invita a descubrir "la brecha del muro de tu fortaleza".

1. Comienzo como de costumbre.

2. Paso unos momentos en gratitud, dando gracias a Dios por una o dos de las bendiciones, grandes o pequeñas, que haya recibido hoy.

3. Repasando el día transcurrido, pido a Dios que me muestre de qué modo una situación determinada se aprovechó de uno de mis puntos débiles. ¿Qué me ha sacado de mis casillas hoy? ¿Qué me ha hecho ser hipersensible, irritable, demasiado emotivo, negligente, torpe, o me ha llevado a engañarme a mí mismo? ¿En qué momento. . .

   • mi reacción ha sido demasiado fuerte?
   • mi reacción no ha sido lo bastante fuerte (indiferencia/descuido)?
   • he evitado una situación incómoda?
   • he eludido mis deberes?
   • he respondido de manera defensiva, cruel, grosera?
   • he permitido que las emociones me vencieran y estorbaran?
   • me he negado a reconocer mis emociones?

4. Puedo admitir ante Dios: "Señor, mi hermana me pone nervioso"; "he notado que recurro a la comida cuando estoy deprimido"; "he contado chismes sobre mi compañero de trabajo por celos"; "hoy me he traído los problemas a casa y le he gritado a mi cónyuge". Digo lo que necesite decir. Pido perdón y sanación. Pido la sanación para toda persona a la que pude haber hecho daño a causa de este punto débil de mi vida espiritual.

5. Ahora, miro hacia mañana y los días venideros. Pido a Dios que me muestre de qué manera me afecta a mí y a

los demás esta brecha de mi fortaleza. ¿Qué situaciones pueden ponerme a prueba en esa zona sensible? Pido a Dios que me muestre las virtudes (fuerza, valor, humildad, sinceridad, afabilidad) que me ayudarán a reforzar esa zona sensible. Pido esa virtud ahora: "Dios, por favor dame _____ para tratar mi problema con _____". Nombro la virtud repetidas veces, pidiendo a Dios que me la conceda para servirle mejor.

6. Termino como de costumbre.

Examen 34

Los momentos más importantes

1. Comienzo como de costumbre.

2. Paso unos momentos en gratitud, dando gracias a Dios por una o dos de las bendiciones, grandes o pequeñas, que haya recibido hoy.

3. Pido a Dios que me muestre el *momento más importante* de este día: el momento que mayor efecto haya tenido en mí o en los demás, ya sea un efecto físico, espiritual o emocional. ¿Por qué ha sido tan importante? ¿Cómo me he sentido en lo más profundo de mí? ¿Ha habido algún pensamiento o emoción que no he admitido tener (por ejemplo, miedo al rechazo)? En ese momento tan importante, ¿era yo *espiritualmente libre* o estaba *falto de libertad* ¿Cuáles han sido las consecuencias de ese momento? Según el caso, doy gracias, pido perdón o pido sanación.

4. Si así lo deseo y tengo tiempo para ello, puedo volver a mi repaso del día, pidiendo a Dios que me muestre otro momento importante de la jornada y planteando las mismas preguntas de arriba. De nuevo, doy gracias, pido perdón y pido sanación.

5. Ahora, miro hacia el día de mañana. ¿Cuál pienso que será específicamente el momento más importante de

mañana? ¿Cuáles son mis principales deseos para ese momento? Dejo que mis deseos afloren en mi interior. Pongo estos deseos en manos de Dios y le pido que los santifique. Pido a Dios que me muestre la *gracia* o virtud que me hace falta para ser la persona que quiero ser en ese momento. Pido esa gracia o virtud.

6. ¿Qué otros momentos importantes podría experimentar mañana? Hablo con Dios empleando las preguntas para la reflexión de arriba.

7. Si me siento llamado a ello, y usando términos concretos, tomo la decisión de ser la clase de persona que me siento llamado a ser.

8. Termino como de costumbre.

Términos ignacianos importantes

Deseos

Esta es una de las ideas más importantes de san Ignacio: "¡Dios reside en nuestros deseos más grandes!". Mientras que muchos de los gigantes espirituales del tiempo de san Ignacio pensaban que un cristiano va por el mal camino cuando cede a sus deseos, san Ignacio tenía otra opinión: un cristiano va por el mal camino porque no es consciente de sus deseos más *verdaderos*. Dios creó el alma para que deseara grandes actos de fe, esperanza y amor. Cuando no está obstruida o distraída por el pecado, las heridas, los miedos o los fracasos, el alma se mueve naturalmente hacia la fe, la esperanza y el amor. Y aun cuando el alma sea perturbada por movimientos negativos, en el fondo siempre habrá esos grandes deseos de estar con Dios y de actuar por amor. Es clave para la vida cristiana, pues, no suprimir mis deseos, sino entrar en contacto con los deseos divinos que moran en lo hondo de mi alma y anhelan brotar a través de mis pensamientos y acciones.

En mi Examen puedo explorar la pregunta "¿Cuáles son mis grandes deseos ahora mismo?". Con ello quiero decir: incluso en medio de la negatividad, ¿qué anhela hacer hoy por Dios y por el mundo la mejor versión de mí mismo? ¿Qué actos de fe, esperanza y amor sueño con realizar?

Gracia

La palabra *gracia* se emplea de muchas maneras distintas. En este libro la empleamos con el significado de "don espiritual" o "virtud". Me gusta hacerme la pregunta "Si pudiera pedir a Dios un don espiritual ahora mismo (valor, paz, claridad, paciencia, fortaleza), ¿cuál sería?". San Ignacio consideraba importante ser consciente de lo que él llamaría "la gracia que buscas", es decir, el don espiritual o virtud que necesitas o deseas en este momento. Por ejemplo, si esta mañana mi compañero de trabajo me ha enojado, en el Examen del mediodía puedo pedir la gracia de la paciencia. Si me ha dolido algo que me ha dicho un ser querido esta mañana, podría pedir la gracia de la paciencia, la paz o la templanza —la virtud que necesite para impedir que mis sentimientos heridos me lleven a pensar o actuar de forma inadecuada—. Si esta mañana me ha tentado algún pecado en particular, puedo pedir la gracia de la fortaleza, la fidelidad, el coraje, la paz o la disciplina espiritual.

Imaginación orante

Los cínicos y escépticos de la oración dicen que los que rezan no oyen realmente la voz de Dios ni ven su rostro. Dicen que "solo es su imaginación". La gente que reza responde a menudo algo así: "No, *no* es mi imaginación, ¡Dios me habla de veras!". Los que rezamos deberíamos rechazar toda la premisa del argumento del cínico, porque supone que Dios no puede hablarme *a través de* mi imaginación. Es Dios quien inventó y creó el don de la imaginación, ¡y él ama lo que ha creado! Por supuesto que Dios me hablará y aparecerá en mi imaginación, siempre y cuando yo permita que lo haga.

Empleo el término *imaginación orante* para indicar que dejo que Dios llegue a mí a través de mi imaginación. Por ejemplo, si en el fondo de mi corazón deseo profundamente que Cristo conteste una pregunta que tengo, imagino a Cristo sentado a mi lado. Le miro de frente y él a mí, y en mi imaginación me habla.

Pero ¿no es posible que sea yo el que pone las palabras en boca de Cristo? ¿No puedo hacer que él diga en mi imaginación exactamente lo que yo quiero que diga? Sí, eso es posible. Por eso no acepto sin cuestionar lo que aprendo en la oración. Antes bien, vuelvo a orar sobre ello, reflexiono sobre ello escribiendo en mi diario, hablo de ello con un amigo prudente y/o un director espiritual. En fin, confío en que Dios desea hablar conmigo y en que lo hará de la manera que yo le permita. Si persevero en la oración y en reflexionar sobre el significado de mi oración, Dios mismo me ayudará a distinguir sus palabras y acciones de lo que no viene de él. Puesto que creo muy firmemente en el deseo que Dios tiene de comunicarse conmigo y porque tengo la confianza de que él puede evitar que yo me engañe a mí mismo, elijo respetuosamente no hacer caso a los cínicos y dejo que mi imaginación corra libre y sin freno. Dios y yo nos valdremos mucho de ella a medida que nos acerquemos mutuamente en íntima amistad.

Libertad y falta de libertad espiritual

Soy libre espiritualmente cuando estoy sano espiritual y emocionalmente. Soy libre espiritualmente cuando estoy en equilibrio emocionalmente y cuando deseo ser una persona fiel, esperanzada y amorosa. No soy libre espiritualmente cuando las tentaciones y mis emociones negativas se apoderan de mí; cuando estoy demasiado enfadado, triste, tentado o asustado para pensar con claridad. No soy libre espiritualmente cuando soy apático y no estoy inspirado para ser más fiel, esperanzado y amoroso. No soy libre espiritualmente cuando no siento la presencia de Dios en el momento presente y no me importa o me siento demasiado ansioso para manejar bien la situación.

Por tanto, en mi Examen puedo explorar la pregunta: "¿Cuál ha sido mi momento de menor libertad esta mañana?". Con ello quiero decir: ¿En qué momento exacto he estado de mal humor? ¿En qué momento ha tomado el mando mi lado infiel, desesperanzado y sin amor? ¿En qué momento he dejado que mis intensas emociones negativas controlaran mis pensamientos y acciones?

Después podría explorar la pregunta: "¿Cuál ha sido mi momento de mayor libertad?". Con ello quiero decir: ¿En qué momento exacto he estado realmente de buen humor? ¿En qué momento ha tomado el mando mi lado fiel, esperanzado y amoroso? ¿En qué momento he pensado con claridad y objetividad, he tenido pensamientos buenos y de amor y he tomado decisiones buenas y llenas de amor?

Visualizar de forma orante

San Ignacio fue un maestro de la imaginación. Podía soñar despierto durante horas y horas. Fue con la imaginación como san Ignacio aprendió a determinar cuál era la voluntad de Dios con respecto a su vida. Descubrió que Dios comunicaba su voluntad por medio de los grandes deseos (véase más arriba la descripción) de fe, esperanza y amor que brotaban en su corazón y en su alma. Visualizando, en el contexto de la oración, san Ignacio podía dejar salir a la luz esos grandes deseos. Esta forma de proceder no solo revelaba la voluntad de Dios, sino que también encendía en san Ignacio la pasión necesaria para llevar a cabo esas grandes obras.

En mi Examen, pues, visualizo de forma orante. Imagino de manera concreta cómo abordaría yo las próximas veinticuatro horas si fuera las manos, los pies y la voz de Dios. Permito que Dios me haga visualizar en mi interior el modo maravilloso en que puedo ser un cauce por el que se comuniquen al mundo la fe, la esperanza y el amor de Dios. Estas visualizaciones me aportan la sabiduría y la pasión necesarias para hacer realidad los fascinantes planes que Dios me reserva para el día siguiente.

Nota de agradecimiento

Estoy sumamente agradecido con todas las personas que me han apoyado, particularmente en mi vocación de escritor. Gracias a mi familia, que me quiere incondicionalmente: mamá, papá, Steve, Cameron, Demi, Brianna, Greg, Nancy, Ashley, Dillon, Stuart, Stacey, Abbie, Michael, Eric, Sandy, Marty y Coy.

Gracias a mi otra familia que me quiere incondicionalmente: mis hermanos jesuitas. No soy digno de su compañía.

Gracias a Tucker Redding, Anthony Ostini, Jim Goeke y todos los que me han aportado ayuda y consejo durante la redacción de este libro.

Gracias especialmente a quienes he tenido el privilegio de guiar a lo largo del noviciado. Tengan cuidado ahí fuera: recuerden lo que la gente suele hacer. Ustedes, mis antiguos novicios, tanto los que acabaron siendo jesuitas como los que no, han sido algunos de los más grandes dones de mi vida.

Gracias en especial a Christopher Kellerman, SJ, por ser mi amistoso pero firme compañero de combate editorial. Este libro es infinitamente mejor gracias a tu trabajo incansable, tu aguda visión y tu paciente bondad. Eres un buen amigo y un escritor dotado. ¡Estoy impaciente por leer tu primer libro impreso!

Dedico este libro a la memoria de Annette Harris Thibodeaux, la primera de nuestra generación que alcanzó el cielo. Te queremos y te echamos de menos, Annette. Que tengas una eternidad de amigos encantadores, café fuerte y buen vino.

Acerca del autor

Mark E. Thibodeaux, SJ, es maestro de novicios y un reconocido experto en temas de oración y discernimiento. Célebre orador y autor de varios libros, vive en Grand Coteau, Lousiana.

Retiro de 3 minutos

3 minutos diarios te pueden brindar 24 horas de paz.

Los *Retiros de 3 minutos* te invitan a tomarte un descanso dedicado a la oración justo enfrente de tu computadora. Dedica un poco de tiempo a reflexionar en silencio sobre un pasaje de las Sagradas Escrituras. Puedes suscribirte para recibirlo de forma gratuita por correo electrónico cada mañana.

Suscríbete gratis en www.loyolapress.com/retiro

Otros títulos en español

La aventura ignaciana

KEVIN O'BRIEN, SJ

Rústica | 4520-6 | $14.95

Una oración sencilla que cambia la vida

JIM MANNEY

Rústica | 4389-9 | $9.95

¿Qué es la espiritualidad ignaciana?

DAVID FLEMING, SJ

Rústica | 3883-3 | $12.95